Curso

*La diferencia entre aprobar
y sacar plaza*

Auxiliar Administrativo/a

AYUNTAMIENTO DE TALAVERA DE LA REINA

Accede a tu **Curso MAD360** y disfruta de los siguientes recursos:

AF277948

- Técnicas de Memoria 360.
- MADTEST: Test nivel PRO.
- Temario en formato digital.
- Vídeos.
- Esquemas.
- Planificación de estudio.
- Foro entre opositores hasta la fecha del examen.*
- Recursos y novedades exclusivas.
- Consulta sobre la oposición y el proceso selectivo.
- Actualizaciones legislativas (Boletines Oficiales) hasta 60 días antes de la fecha del examen.*

Para acceder al Curso MAD360** será necesaria la compra de todos los libros para esta especialidad de la edición 2024.

Valida los códigos que encuentras en la última página de tus libros y disfruta de la experiencia MAD360.

Infórmate en: mad.es/registro-campus

NOTA IMPORTANTE:

* Examen de esta categoría profesional correspondiente a la convocatoria publicada en el BOE núm. 159, de 2 de julio de 2024, o hasta el 31 de julio de 2025, lo que se cumpla antes.

** El acceso al CURSO MAD360 estará disponible desde agosto de 2024 (algunos recursos podrían estar disponibles en fecha posterior). Tendrá una duración de 365 días, desde la validación de códigos, o hasta el 31 de enero de 2026, lo que se cumpla antes.

MAD se reserva el derecho a ampliar dichas fechas.

Auxiliar Administrativo/a del Ayuntamiento de Talavera de la Reina

Agosto, 2024

Auxiliar Administrativo/a del Ayuntamiento de Talavera de la Reina

Test del temario

MOISÉS CAYETANO RODRÍGUEZ
Licenciado en Historia
Master en Tráfico y Seguridad Vial

TERESA MARÍA TORRES FONSECA
Licenciada en Derecho

JOAQUÍN MÁRTINEZ DEL FRESNO
Licenciado en Derecho
Funcionario del Cuerpo Superior de Administradores, especialidad Gestión Financiera

© 7 Editores Recursos para la Cualificación Profesional y el Empleo, S.L. (7 Editores)
© Los autores
Primera edición, agosto 2024 (216 páginas)
Derechos de edición reservados a favor de 7 Editores
IMPRESO EN ESPAÑA
Diseño Portada: 7 Editores
Edita: 7 Editores
Avda. San Francisco Javier, 9 · Edificio Sevilla 2 · Planta 11 · Módulos 25-27 · 41018 Sevilla
Teléfono: 954 784 411 · WEB: www.mad.es · e-mail: administracion@7editores.com
ISBN: 978-84-142-8406-3
© "Editorial Mad" y "Eduforma" son nombres comerciales registrados de
7 Editores Recursos para la Cualificación Profesional y el Empleo, S.L.

Índice

Parte General

TEST N.º 1

La Constitución Española de 1978. Estructura y contenido esencial. El principio de estabilidad presupuestaria en la Constitución. La reforma constitucional

1. ¿En qué se fundamenta la Constitución Española?

a) En un Estado social y democrático de Derecho.
b) En la indisoluble unidad de la Nación española.
c) En la independencia de los poderes del Estado.
d) En la organización territorial del Estado.

2. Según el artículo 3 de la CE, el castellano es la lengua oficial del Estado y todos los españoles:

a) Tienen el deber de usar y el derecho de conocer el castellano.
b) Tienen el derecho y el deber de conocer el castellano.
c) Tienen el deber de conocer y el derecho de usar el castellano.
d) Tienen el derecho de conocer y usar el castellano.

3. La Constitución Española reconoce y garantiza el derecho a la autonomía:

a) De las nacionalidades que la integran.
b) De las regiones que la integran.
c) De las Comunidades Autónomas que la integran.
d) De las nacionalidades y regiones que la integran.

4. El Preámbulo de la Constitución:

a) Tiene en sí carácter de norma jurídica.
b) Es una declaración de intenciones, destinada a interpretar lo que se quiere alcanzar con el contenido normativo de la Constitución.
c) Se trata de un texto sin fuerza jurídica de obligar.
d) Las respuestas b) y c) son correctas.

5. Señala la respuesta correcta, respecto de la aprobación, ratificación y publicación de la Constitución Española:

a) Aprobada por las Cortes el 31 de octubre de 1978, ratificada por el pueblo en referéndum el 6 de diciembre de 1978 y publicada el 29 de diciembre de 1978.
b) Aprobada por las Cortes el 30 de octubre de 1978, ratificada por el pueblo en referéndum el 16 de diciembre de 1978 y publicada el 27 de diciembre de 1978.
c) Aprobada por las Cortes el 31 de octubre de 1978, ratificada por el pueblo en referéndum el 16 de diciembre de 1978 y publicada el 29 de diciembre de 1978.
d) Aprobada por las Cortes el 10 de octubre de 1978, ratificada por el pueblo en referéndum el 26 de diciembre de 1978 y publicada el 30 de diciembre de 1978.

6. ¿En qué parte de la Carta Magna se establece la exposición de motivos que impulsan la norma constitucional y los objetivos que con ella se pretenden alcanzar?

a) En el Título Preliminar.
b) En el Preámbulo.
c) En el Título I.
d) En el Título II.

7. La Constitución Española fue sancionada por:

a) El Rey.
b) El Presidente del Congreso.
c) Las Cortes Generales.
d) El Presidente del Gobierno.

8. ¿Cuáles de los siguientes españoles de origen pueden ser privados de su nacionalidad?

a) Exclusivamente los miembros de grupos terroristas.
b) Los miembros de grupos terroristas y los que atenten contra el Rey u otro miembro de la Casa Real.
c) Los que atenten contra un miembro de la Familia Real o del Gobierno de la Nación.
d) Ningún español de origen podrá ser privado de su nacionalidad.

9. Según la CE son fundamentos del orden político y la paz social:

a) La dignidad de la persona, los derechos violables que les son inherentes y el respeto a la ley.
b) La dignidad de la persona, el desarrollo limitado de la personalidad y el respeto a la ley.
c) El respeto a la ley, a los reglamentos administrativos y demás disposiciones legales.
d) La dignidad de la persona, los derechos inviolables que le son inherentes, el libre desarrollo de su personalidad, el respeto a la ley y a los derechos de los demás.

10. ¿Cuál de los siguientes es considerado por la CE como uno de los valores superiores del ordenamiento jurídico?

a) La jerarquía normativa.
b) El pluralismo político.
c) La publicidad normativa.
d) La equidad.

11. La forma política del Estado español es:

a) Democracia parlamentaria.
b) Gobierno parlamentario.
c) Monarquía parlamentaria.
d) República democrática.

12. La parte de la CE que regula la estructura de los principales órganos del Estado recibe el nombre de:

a) Parte dogmática.
b) Parte orgánica.
c) Parte estatal.
d) Parte estructural.

13. Según la CE, la soberanía nacional:

a) Corresponde a las Cortes Generales, al estar compuestas por los representantes del pueblo.
b) Corresponde al Rey.
c) Reside en el pueblo español.
d) Corresponde al Gobierno de la Nación elegido directamente por el pueblo.

14. ¿En qué parte de la Carta Magna se señalan los valores superiores del ordenamiento jurídico?

a) En el Preámbulo.
b) En el Título Preliminar.
c) En el Título I.
d) Ninguna respuesta es correcta.

15. ¿Cuál de las siguientes es una de las características de nuestra Constitución de 1978?

a) Consensuada.
b) Corta.
c) Conservadora.
d) Originalidad.

16. Son el fundamento del orden político y de la paz social:

a) El libre desarrollo de la personalidad.
b) Los derechos inviolables que les son inherentes.
c) El respeto a la ley y a los derechos de los demás.
d) Todas las respuestas son correctas.

17. ¿Qué quedará excluido de extradición?

a) Los delitos criminales.
b) Los delitos políticos.
c) Los actos de terrorismo.
d) Ninguno.

18. ¿Qué debe ser democrático, a tenor de lo dispuesto en la Constitución Española, en los sindicatos de trabajadores y las asociaciones empresariales?

a) Su funcionamiento.
b) Su estructura interna.
c) Su funcionamiento y estructura interna.
d) Sus órganos asamblearios.

19. ¿De cuántos Capítulos consta el Título I de la CE de 1978?

a) De tres.
b) De cinco.
c) De dos.
d) De cuatro.

20. El principio en virtud del cual un Reglamento no puede contradecir una ley es el de:

a) Legalidad.
b) Jerarquía normativa.
c) Las respuestas a) y b) son correctas.
d) Seguridad jurídica.

21. Según la Constitución, una norma que imponga una nueva pena más leve para un delito:

a) No se aplica retroactivamente.
b) Puede aplicarse retroactivamente.
c) Ha de ser reglamentaria.
d) Atenta contra el principio de legalidad penal si se aplica retroactivamente.

22. Todos los españoles, respecto al castellano, tienen el:

a) Derecho-deber de conocerlo.
b) Derecho de usar y deber de conocerlo.
c) Derecho-deber de usarlo.
d) Nada de lo anterior.

23. La capital del Estado en España es:

a) La propia de cada Comunidad Autónoma.
b) La villa de Madrid.
c) Aquella donde se establezca en cada momento el Gobierno de la Nación.
d) Aquella en la que resida generalmente el Rey.

24. El Título de la Constitución que trata de la reforma constitucional es el:

a) Primero.
b) Décimo.
c) Noveno.
d) Undécimo.

25. Los principios rectores de la política social y económica se regulan en el siguiente Capítulo y Título de la Constitución:

a) Segundo del Primero.
b) Tercero del Primero.
c) Tercero del Preliminar.
d) Primero del Séptimo.

26. La justicia, según nuestra Constitución, es un/una:

a) Principio de nuestro ordenamiento jurídico.
b) Valor superior del anterior.
c) Manifestación del Estado democrático.
d) Todo lo anterior.

27. Un español de origen puede perder esta nacionalidad:

a) Por sanción administrativa.
b) Cuando libremente renuncie a la misma.
c) Por condena penal.
d) En ningún caso.

28. Constituye el fundamento del orden público y de la paz social, según la Constitución, el/la/los:

a) Derechos inviolables inherentes a la persona.
b) Estado social y democrático de Derecho.
c) Seguridad jurídica.
d) Justicia.

29. Las Comunidades Autónomas deben usar o instalar la bandera española:

a) En sus edificios.
b) En los actos oficiales.
c) Cuando lo solicite el Delegado del Gobierno de la Nación en las mismas.
d) Cuando lo estimen oportuno.

30. Deben tener una estructura interna y un funcionamiento democrático los/las:

a) Partidos Políticos.
b) Colegios Profesionales.
c) Organizaciones Profesionales.
d) Todos ellos.

31. La defensa de la integridad territorial de España se atribuye por la Constitución a/al/a las:

a) Fuerzas y Cuerpos de Seguridad.
b) Fuerzas Armadas.
c) Gobierno de la Nación.
d) Todas las anteriores.

32. El Título de la Constitución que trata de las relaciones entre el Gobierno y las Cortes Generales es el:

a) Cuarto.
b) Quinto.
c) Sexto.
d) Tercero.

33. La Constitución entró en vigor:

a) Al día siguiente de su publicación en el Boletín Oficial del Estado.
b) El 27 de diciembre de 1978.
c) El 29 de diciembre de 1978.
d) Al ser aprobada en la sesión conjunta por el Congreso de los Diputados y el Senado.

34. ¿En qué fecha aprobaron las Cortes Generales la Constitución Española?

a) El 31 de octubre de 1978.
b) El 6 de diciembre de 1978.
c) El 27 de diciembre de 1978.
d) El 29 de diciembre de 1978.

35. ¿Cuál de las siguientes no es una característica de la Carta Magna?

a) Su rigidez.
b) El establecimiento, como forma política del Estado, de la monarquía hereditaria.
c) Su codificación en un solo texto.
d) Su extensión.

36. ¿De cuántos artículos consta la Constitución Española de 1978?

a) De 154.
b) De 163.
c) De 169.
d) De 171.

37. ¿Cuál de los siguientes no es uno de los valores superiores de nuestro ordenamiento jurídico?

a) El pluralismo político.
b) La solidaridad.
c) La libertad.
d) La igualdad.

38. A tenor del artículo 11 de la Constitución, los españoles de origen podrán ser privados de su nacionalidad:

a) Cuando así lo determinen las leyes.
b) Cuando entren al servicio de las armas de un país extranjero.
c) Cuando así lo apruebe el Consejo de Ministros.
d) En ningún caso un español de origen podrá ser privado de su nacionalidad.

39. Las Cortes Generales, ¿en qué Título de nuestra Constitución se recogen?

a) En el Título II.
b) En el Título III.
c) En el Título IV.
d) En el Título VI.

40. Según la Disposición Final de nuestra Constitución, esta entrará en vigor:

a) Al día siguiente de su publicación en el Boletín Oficial del Estado.
b) A los veinte días de la publicación de su texto oficial en el Boletín Oficial del Estado.
c) El mismo día de la publicación de su texto oficial en el Boletín Oficial del Estado.
d) Al año de la publicación de su texto oficial en el Boletín Oficial del Estado.

41. Nuestra Constitución trata de los derechos y deberes fundamentales de los españoles en su Título I, denominado:

a) De los derechos y deberes fundamentales.
b) De los deberes de los españoles.
c) De los derechos de los españoles.
d) De los derechos y deberes principales de los españoles.

42. Los medios de producción, según nuestra Constitución, serán:

a) Públicos.
b) Privados.
c) Intervenidos.
d) De propiedad sindical.

43. Toda la riqueza del país, en sus distintas formas, respecto del interés general:

a) Le está subordinada.
b) Tiene primacía sobre el mismo.
c) Posibilita a los poderes públicos para ostentar su titularidad por cualquier medio.
d) Nada de lo anterior es cierto.

44. Respecto a las sociedades cooperativas, según la Constitución, los poderes públicos deben:

a) Crearlas.
b) Suprimirlas.
c) Fomentarlas.
d) Tomar parte en ellas.

45. La iniciativa económica pública en España:

a) Debe ser subsidiaria de la privada.
b) Se prohíbe al consagrarse la libertad de empresa en el marco de la economía de mercado.
c) Está reconocida por la Constitución.
d) Se ejercerá solo cuando la planificación la imponga.

46. La planificación de la actividad económica se hará a través de:

a) Consenso con las fuerzas sociales.
b) Ley.
c) Decreto del Consejo de Ministros.
d) Todo lo anterior.

47. La creación de un tributo por una Corporación Local:

a) Se permite solo para su ámbito de actuación.
b) Está permitida, sin limitación alguna.
c) No se admite en nuestro ordenamiento jurídico.
d) Nada de lo expuesto es correcto.

48. Además de en la vida económica y política, los poderes públicos deben fomentar la participación de los ciudadanos en la vida:

a) Cultural.
b) Social.
c) Corporativa.
d) Las respuestas a) y b) son correctas.

49. El proyecto de Ley de Presupuestos Generales del Estado se aprueba por el/las:

a) Gobierno de la Nación.
b) Cortes Generales.
c) Ministerio de Hacienda y Función Pública.
d) Presidente del Gobierno de la Nación.

50. Puede instar la reforma de la Constitución el/los/las:

a) Asambleas Legislativas de las Comunidades Autónomas.
b) Presidente del Gobierno de la Nación.
c) Consejos de Gobierno de las Comunidades Autónomas.
d) Ninguno de los anteriores.

51. No puede instar la reforma de la Constitución el/los:

a) Presidente del Gobierno de la Nación.
b) Gobierno de la Nación.
c) Congreso de los Diputados.
d) Parlamentos autonómicos.

52. En el procedimiento ordinario de reforma constitucional, el referéndum es:

a) Obligatorio en todo caso.
b) Preceptivo cuando se solicite por una décima parte de los Diputados o Senadores, dentro de los quince días siguientes a la aprobación de la reforma.

c) Voluntario en cualquier caso.
d) Improcedente.

53. La disolución de las Cortes Generales, cuando se va a proceder a la reforma de la Constitución, se produce en caso de:

a) Reforma por el procedimiento excepcional.
b) Reforma por el procedimiento ordinario.
c) Cualquier tipo de reforma.
d) Que así lo estime oportuno el Rey.

54. No puede iniciarse la reforma constitucional en:

a) Tiempo de guerra.
b) El supuesto de que el Rey no lo estime oportuno.
c) Un período extraordinario de sesiones de las Cámaras.
d) Se puede efectuar en los tres supuestos anteriores.

55. En el procedimiento general de reforma constitucional, en principio, el proyecto de reforma debe ser aprobado por:

a) El Congreso de los Diputados por mayoría de dos tercios.
b) El Congreso de los Diputados y el Senado por mayoría de tres quintos.
c) Ambas Cámaras, por mayoría absoluta.
d) Una Comisión Paritaria.

56. El procedimiento excepcional de reforma está previsto en caso de intentarse esta respecto del siguiente Título de la Constitución:

a) Cualquiera.
b) Segundo.
c) Tercero.
d) Ninguno de los anteriores.

57. ¿Qué artículos de nuestra Constitución Española se dedican a la reforma constitucional?

a) Los artículos 166 a 169.
b) Los artículos 160 a 166.
c) Los artículos 58 a 107.
d) Los artículos 13 a 21.

Solución al test n.º 1

1. b) En la indisoluble unidad de la Nación española.

2. c) Tienen el deber de conocer y el derecho de usar el castellano.

3. d) De las nacionalidades y regiones que la integran.

4. d) Las respuestas b) y c) son correctas.

5. a) Aprobada por las Cortes el 31 de octubre de 1978, ratificada por el pueblo en referéndum el 6 de diciembre de 1978 y publicada el 29 de diciembre de 1978.

6. b) En el Preámbulo.

7. a) El Rey.

8. d) Ningún español de origen podrá ser privado de su nacionalidad.

9. d) La dignidad de la persona, los derechos inviolables que le son inherentes, el libre desarrollo de su personalidad, el respeto a la ley y a los derechos de los demás.

10. b) El pluralismo político.

11. c) Monarquía parlamentaria.

12. b) Parte orgánica.

13. c) Reside en el pueblo español.

14. b) En el Título Preliminar.

15. a) Consensuada.

16. d) Todas las respuestas son correctas.

17. b) Los delitos políticos.

18. c) Su funcionamiento y estructura interna.

19. b) De cinco.

20. c) Las respuestas a) y b) son correctas.

21. b) Puede aplicarse retroactivamente.

22. b) Derecho de usar y deber de conocerlo.

23. b) La villa de Madrid.

24. b) Décimo.

25. b) Tercero del Primero.

26. b) Valor superior del anterior.

27. b) Cuando libremente renuncie a la misma.

28. a) Derechos inviolables inherentes a la persona.

29. b) En los actos oficiales.

30. d) Todos ellos.

31. b) Fuerzas Armadas.

32. b) Quinto.

33. c) El 29 de diciembre de 1978.

34. a) El 31 de octubre de 1978.

35. b) El establecimiento, como forma política del Estado, de la monarquía hereditaria.

36. c) De 169.

37. b) La solidaridad.

38. d) En ningún caso un español de origen podrá ser privado de su nacionalidad.

39. b) En el Título III.

40. c) El mismo día de la publicación de su texto oficial en el Boletín Oficial del Estado.

41. a) De los derechos y deberes fundamentales.

42. b) Privados.

43. a) Le está subordinada.

44. c) Fomentarlas.

45. c) Está reconocida por la Constitución.

46. b) Ley.

47. c) No se admite en nuestro ordenamiento jurídico.

48. d) Las respuestas a) y b) son correctas.

49. a) Gobierno de la Nación.

50. a) Asambleas Legislativas de las Comunidades Autónomas.

51. a) Presidente del Gobierno de la Nación.

52. b) Preceptivo cuando se solicite por una décima parte de los Diputados o Senadores, dentro de los quince días siguientes a la aprobación de la reforma.

53. a) Reforma por el procedimiento excepcional.

54. a) Tiempo de guerra.

55. b) El Congreso de los Diputados y el Senado por mayoría de tres quintos.

56. b) Segundo.

57. a) Los artículos 166 a 169.

TEST N.º 2

La organización territorial del Estado. Naturaleza jurídica y principios de la organización territorial del Estado. Los Estatutos de Autonomía. La reforma de los Estatutos de Autonomía. El sistema de la distribución de competencias entre el Estado y las Comunidades Autónomas. Marco competencial de entidades locales. Ley Orgánica 9/1982, de 10 de agosto, Estatuto de Autonomía de Castilla-La Mancha: estructura, contenido esencial y competencias

1. Según la Constitución, las entidades que forman parte de la organización territorial del Estado tienen la nota común de:

a) Autogobierno.
b) Independencia.
c) Autonomía.
d) Financiación propia.

2. La titularidad de la soberanía española radica en el/las:

a) Cortes Generales como representantes del pueblo español.
b) Rey como Jefe del Estado.
c) Pueblo mismo.
d) Nacionalidades y regiones que integran España.

3. No pueden constituirse en Comunidades Autónomas los territorios:

a) Que no estén integrados en la organización provincial.
b) Que, no siendo superiores a una provincia, tengan entidad regional histórica.
c) Que, no siendo superiores a una provincia, no tengan entidad regional histórica.
d) Interinsulares.

4. La vía ordinaria de acceso a la autonomía por el artículo 143 de la Constitución se sigue por los/las:

a) Provincias con entidad regional histórica.
b) Territorios que en el pasado hubieren plebiscitado afirmativamente proyecto de Estatuto de Autonomía.

c) Provincia sin entidad regional histórica directamente.
d) Supuestos especiales de Ceuta, Melilla y Gibraltar.

5. Entre las determinaciones de los Estatutos de Autonomía no es necesario incluir la:

a) Delimitación de su territorio.
b) Denominación de las instituciones autónomas propias.
c) Denominación de la Comunidad.
d) Denominación, organización y sede de sus instituciones administrativas.

6. En las Comunidades Autónomas que siguen la vía común, el Proyecto de Estatuto será elaborado por la/los:

a) Asamblea de Parlamentarios que se constituye al efecto.
b) Comisión Constitucional del Congreso de los Diputados.
c) Diputación Provincial correspondiente.
d) Miembros de la Diputación u órgano interinsular y por los Diputados y Senadores elegidos por ellas.

7. El voto de ratificación por los Plenos del Senado y del Congreso de los Diputados se dará en el/las:

a) Comunidades Autónomas que siguen la vía común.
b) Comunidades Autónomas que siguen la vía especial.
c) Acceso a la autonomía de Ceuta y Melilla.
d) Acceso a la autonomía de Gibraltar.

8. La responsabilidad política del Presidente de una Comunidad Autónoma se exige por el/la:

a) Sala de lo Penal del Tribunal Supremo.
b) Congreso de los Diputados.
c) Tribunal Superior de Justicia de la Comunidad Autónoma.
d) Asamblea Legislativa de la Comunidad Autónoma.

9. La Asamblea Legislativa de las Comunidades Autónomas se elige:

a) Con criterios de representación territorial.
b) Con criterios de representación proporcional.
c) Por sufragio individual.
d) Con criterios de representación provincial.

10. El principio de coordinación con la Hacienda estatal se consigue por:

a) El Fondo de Compensación Interterritorial.
b) Los preceptos de las sucesivas Leyes de Presupuestos Generales del Estado.

c) La creación del Consejo de Política Fiscal y Financiera de las Comunidades Autónomas.
d) Imperativo de la propia Constitución.

11. Los Estatutos de Autonomía deberán contener el/la/las:

a) Competencias que se dejan al Estado y las que asume la Comunidad.
b) Competencias que, en función de la Constitución, asume cada Comunidad Autónoma.
c) Desarrollo de la Administración Autonómica.
d) División provincial y órganos de gobierno.

12. En la reforma de los Estatutos intervienen las Cortes Generales:

a) Siempre.
b) Nunca.
c) Sólo cuando se trata de Comunidades Autónomas que accedieron por la vía común.
d) En las Comunidades Autónomas de vía especial exclusivamente.

13. Los miembros de las Diputaciones u órganos interinsulares intervienen en la elaboración de los Estatutos de Autonomía:

a) En todo caso.
b) Nunca.
c) En las Comunidades Autónomas de vía común.
d) En las Comunidades Autónomas de vía especial.

14. Los Estatutos de Autonomía en la vía común se aprueban por el:

a) Congreso de los Diputados mediante Ley Orgánica.
b) Congreso de los Diputados y Senado por Ley Orgánica.
c) Congreso de los Diputados y Senado por Ley ordinaria.
d) Parlamento Autonómico solamente.

15. La más alta representación de una Comunidad Autónoma la ostenta el:

a) Presidente del Parlamento Autonómico.
b) Presidente de la Comunidad Autónoma.
c) Rey.
d) Presidente del Gobierno de la Nación.

16. La asunción de competencias y de mayor autonomía por las Comunidades Autónomas es, como regla general:

a) Regresiva.
b) Progresiva.

c) Automática.
d) Inmediata.

17. En la elaboración por la vía común de los Estatutos de Autonomía:

a) No intervienen los Municipios afectados.
b) Intervendrán en todo caso.
c) Sólo intervienen las Diputaciones Provinciales u órganos interinsulares.
d) Sólo intervienen los Municipios y los Diputados y Senadores.

18. El principio de solidaridad consagrado por el artículo 138 de la Constitución exige una atención especial a:

a) Las Comunidades Autónomas de economía más deprimida.
b) Las Entidades locales de ámbito territorial inferior al municipal.
c) Todas las partes del territorio nacional.
d) Las Islas.

19. La federación de Comunidades Autónomas, según la Constitución:

a) Sólo se permite respecto de las limítrofes.
b) Requiere Ley Orgánica de las Cortes Generales.
c) Ha de efectuarse previa reforma de la propia Constitución.
d) Está absolutamente prohibida.

20. No es elemento del Municipio el/la/las:

a) Organización.
b) Territorio.
c) Competencias.
d) Población.

21. El Estatuto de Autonomía de Castilla-La Mancha, fue aprobado por:

a) Ley Orgánica 9/1982, de 10 de agosto.
b) Ley Orgánica 8/1982, de 10 de agosto.
c) Ley Orgánica 9/1983, de 15 de agosto.
d) Ley Orgánica 9/1982, de 10 de septiembre.

22. El Estatuto de Autonomía de Castilla-La Mancha ha sido reformado en cuatro ocasiones. Señala la respuesta incorrecta:

a) Ley Orgánica 6/1991, de 13 de marzo.
b) Ley Orgánica 7/1994, de 24 de marzo.

c) Ley Orgánica 3/1997, de 3 de octubre.
d) Ley Orgánica 2/2014, de 21 de mayo.

23. El Estatuto de Autonomía de Castilla-La Mancha:

a) Consta de 64 artículos y se estructura en un Título Preliminar, 6 Títulos, 2 disposiciones adicionales, seis disposiciones transitorias y una disposición final.

b) Consta de 54 artículos y se estructura en un Título Preliminar, 6 Títulos, 3 disposiciones adicionales, seis disposiciones transitorias y una disposición final.

c) Consta de 54 artículos y se estructura en un Título Preliminar, 6 Títulos, 3 disposiciones adicionales, siete disposiciones transitorias y una disposición final.

d) Consta de 64 artículos y se estructura en un Título Preliminar, 6 Títulos, 2 disposiciones adicionales, siete disposiciones transitorias y una disposición final.

24. El Título Preliminar comprende los:

a) Seis primeros artículos del Estatuto.
b) Siete primeros artículos del Estatuto.
c) Nueve primeros artículos del Estatuto.
d) Once primeros artículos del Estatuto.

25. El Título I del Estatuto de Autonomía de Castilla-La Mancha trata de:

a) De las Instituciones de la Comunidad Autónoma de Castilla-La Mancha.
b) De la organización territorial de la Región.
c) De la economía y hacienda regionales.
d) De la Administración de Justicia en la Región.

26. El Título II del Estatuto de Autonomía de Castilla-La Mancha trata de:

a) De las Instituciones de la Comunidad Autónoma de Castilla-La Mancha.
b) De la organización territorial de la Región.
c) De la economía y hacienda regionales.
d) De la Administración de Justicia en la Región.

27. El Título III del Estatuto de Autonomía de Castilla-La Mancha trata de:

a) De las Instituciones de la Comunidad Autónoma de Castilla-La Mancha.
b) De la organización territorial de la Región.
c) De la economía y hacienda regionales.
d) De la Administración de Justicia en la Región.

28. El Estatuto de Autonomía de Castilla-La Mancha trata de las competencias de la Junta de Comunidades:

a) En el Título II.
b) En el Título III.

c) En el Título IV.
d) En el Título V.

29. El Estatuto de Autonomía de Castilla-La Mancha trata de las competencias de la Junta de Comunidades:

a) En el Título II.
b) En el Título III.
c) En el Título IV.
d) En el Título V.

30. ¿De quién emanan los poderes de la Junta de Comunidades?

a) De la Constitución y del pueblo.
b) Del pueblo y del presente Estatuto.
c) De la Constitución y del presente Estatuto.
d) De la Constitución, del pueblo y del presente Estatuto.

31. ¿A quién corresponde promover las condiciones para que la libertad y la igualdad del individuo y de los grupos en que se integra sean reales y efectivas, remover los obstáculos que impidan o dificulten su plenitud y facilitar la participación de todos los ciudadanos en la vida política, económica, cultural y social de la región?

a) A los poderes públicos regionales.
b) A la administración pública.
c) Al gobierno autonómico.
d) A la Junta de Comunidades.

32. ¿Quién propiciará la efectiva igualdad del hombre y de la mujer, promoviendo la plena incorporación de ésta a la vida social y superando cualquier discriminación laboral, cultural, económica o política?

a) Los poderes públicos regionales.
b) La administración pública.
c) El gobierno autonómico.
d) La Junta de Comunidades.

33. ¿Cuántos capítulos tienen el Título I del Estatuto?

a) Dos capítulos.
b) Tres capítulos.
c) Cuatro capítulos.
d) Cinco capítulos.

34. Son órganos de la Junta:

a) Las Cortes de Castilla La Mancha y el Presidente de la Junta.
b) El Presidente de la Junta y el Consejo de Gobierno.
c) Las Cortes de Castilla La Mancha y el Consejo de Gobierno.
d) Las Cortes de Castilla La Mancha, el Presidente de la Junta y el Consejo de Gobierno.

35. Las Cortes de Castilla-La Mancha estarán constituidas por un mínimo de:

a) 25 Diputados y un máximo de 35.
b) 30 Diputados y un máximo de 65.
c) 15 Diputados y un máximo de 35.
d) 35 Diputados y un máximo de 45.

36. Las Cortes de Castilla-La Mancha aprobarán una Ley del Gobierno y del Consejo Consultivo, en la que se incluirá la limitación de los mandatos del Presidente, por mayoría:

a) Simple de los miembros del Pleno de la Cámara.
b) Absoluta de los miembros del Pleno de la Cámara.
c) De dos tercios de los miembros del Pleno de la Cámara.
d) De tres quintos de los miembros del Pleno de la Cámara.

37. En relación a la elección del Presidente de la Junta de Comunidades, de no alcanzarse mayoría absoluta en primera votación, se someterá la misma propuesta a nueva votación:

a) Cuarenta y ocho horas después de la anterior y la confianza se entenderá otorgada si obtuviese la mayoría simple.
b) Veinticuatro horas después de la anterior y la confianza se entenderá otorgada si obtuviese la mayoría simple.
c) Setenta y dos después de la anterior y la confianza se entenderá otorgada si obtuviese la mayoría simple.
d) Ninguna es correcta.

38. En el supuesto de no alcanzarse esta mayoría:

a) Se tramitarán sin debate sucesivas propuestas y si en ninguna de ellas se llegara, en el plazo de un mes, a alcanzar la mayoría simple, quedará automáticamente designado el candidato del partido que tenga mayor número de escaños.
b) Se tramitarán sin debate sucesivas propuestas y si en ninguna de ellas se llegara, en el plazo de dos meses, a alcanzar la mayoría simple, quedará automáticamente designado el candidato del partido que tenga mayor número de escaños.

c) Se tramitarán sin debate sucesivas propuestas y si en ninguna de ellas se llegara, en el plazo de tres meses, a alcanzar la mayoría simple, quedará automáticamente designado el candidato del partido que tenga mayor número de escaños.
d) Ninguna es correcta.

39. El Consejo de Gobierno responde:

a) Subsidiariamente de su gestión ante las Cortes de Castilla-La Mancha.
b) Solidariamente de su gestión ante las Cortes de Castilla-La Mancha.
c) Solidariamente de su gestión ante el Tribunal Superior de Justicia.
d) Subsidiariamente de su gestión ante la Sala de lo Penal del Tribunal Supremo.

40. La confianza se entenderá otorgada cuando vote a favor de la misma la mayoría:

a) Simple de los Diputados.
b) Absoluta de los Diputados.
c) De dos tercios de los Diputados.
d) De tres quintos de los Diputados.

41. Si el Presidente plantease la cuestión de confianza sobre un proyecto de Ley, éste se considerará aprobado siempre que vote a favor de la confianza la mayoría:

a) Simple de los Diputados.
b) Absoluta de los Diputados.
c) De dos tercios de los Diputados.
d) De tres quintos de los Diputados.

42. La moción de censura deberá ser propuesta al menos por el:

a) 10 % de los Diputados.
b) 15 % de los Diputados.
c) 20 % de los Diputados.
d) 5 % de los Diputados.

43. El Presidente no podrá acordar la disolución de las Cortes:

a) Durante el cuarto período de sesiones de la legislatura, cuando reste menos de un año para su terminación.
b) Cuando se esté planteando una cuestión de confianza.
c) Antes de que transcurra el plazo de dos años desde la última disolución por este procedimiento.
d) Cuando se encuentre convocado un proceso electoral estatal.

44. El Estatuto de Autonomía de Castilla-La Mancha trata de las competencias de la Junta de Comunidades:

a) Del artículo 21 al 42.
b) Del artículo 31 al 42.
c) Del artículo 31 al 40.
d) Del artículo 31 al 43.

45. Las competencias exclusivas se establecen en el:

a) Artículo 21.
b) Artículo 31.
c) Artículo 32.
d) Artículo 33.

46. La Junta de Comunidades de Castilla-La Mancha asume las siguientes competencias exclusivas:

a) Régimen local.
b) Montes, aprovechamientos y servicios forestales, vías pecuarias, pastos y espacios naturales protegidos.
c) Sanidad e higiene, promoción, prevención y restauración de la salud. Coordinación hospitalaria en general, incluida la de la Seguridad Social.
d) Caza y pesca fluvial. Acuicultura.

47. No son competencias exclusivas:

a) Cajas de Ahorros e instituciones de crédito cooperativo público y territorial, en el marco de la ordenación general de la economía y de acuerdo con las disposiciones que en uso de sus facultades dicte el Estado.
b) Promoción del deporte y de la adecuada utilización del ocio.
c) Ordenación farmacéutica.
d) Espectáculos públicos.

48. Son competencias de ejecución:

a) Asociaciones.
b) Ferias internacionales.
c) Pesas y medidas. Contraste de metales.
d) Todas las anteriores.

49. La Junta de Comunidades podrá celebrar convenios con otras Comunidades Autónomas para la gestión y prestación de servicios propios de la exclusiva competencia de las mismas. La celebración de los citados convenios, antes de su entrada en vigor, deberá ser comunicada a las Cortes Generales que podrán manifestar reparos en el plazo de:

a) Treinta días a partir de la recepción de la comunicación.
b) Veinte días a partir de la recepción de la comunicación.

c) Quince días a partir de la recepción de la comunicación.
d) Diez días a partir de la recepción de la comunicación.

50. El patrimonio de la Comunidad Autónoma estará integrado por:

a) El patrimonio de la Junta de Comunidades en el momento de aprobarse el Estatuto.
b) Los bienes afectos a los servicios traspasados a la Comunidad Autónoma.
c) Los bienes adquiridos por la Junta de Comunidades por cualquier título jurídico válido.
d) Todas son correctas.

51. El Consejo de Gobierno deberá presentar el proyecto de Presupuesto a las Cortes de Castilla-La Mancha antes del:

a) Treinta y uno de septiembre de cada año.
b) Uno de octubre de cada año.
c) Uno de noviembre de cada año.
d) Treinta y uno de diciembre de cada año.

52. La iniciativa de la reforma corresponderá, entre otros, a las Cortes de Castilla-La Mancha a propuesta de:

a) Una tercera parte de sus miembros.
b) Dos terceras partes de sus miembros.
c) Dos quintos de sus miembros.
d) Una cuarta parte de sus miembros.

Solución al test n.º 2

1. c) Autonomía.

2. c) Pueblo mismo.

3. d) Interinsulares.

4. a) Provincias con entidad regional histórica.

5. d) Denominación, organización y sede de sus instituciones administrativas.

6. d) Miembros de la Diputación u órgano interinsular y por los Diputados y Senadores elegidos por ellas.

7. b) Comunidades Autónomas que siguen la vía especial.

8. d) Asamblea Legislativa de la Comunidad Autónoma.

9. b) Con criterios de representación proporcional.

10. c) La creación del Consejo de Política Fiscal y Financiera de las Comunidades Autónomas.

11. b) Competencias que, en función de la Constitución, asume cada Comunidad Autónoma.

12. a) Siempre.

13. c) En las Comunidades Autónomas de vía común.

14. b) Congreso de los Diputados y Senado por Ley Orgánica.

15. b) Presidente de la Comunidad Autónoma.

16. b) Progresiva.

17. a) No intervienen los Municipios afectados.

18. d) Las Islas.

19. d) Está absolutamente prohibida.

20. c) Competencias.

21. a) Ley Orgánica 9/1982, de 10 de agosto.

22. c) Ley Orgánica 3/1997, de 3 de octubre.

23. c) Consta de 54 artículos y se estructura en un Título Preliminar, 6 Títulos, 3 disposiciones adicionales, siete disposiciones transitorias y una disposición final.

24. b) Siete primeros artículos del Estatuto.

25. a) De las Instituciones de la Comunidad Autónoma de Castilla-La Mancha.

26. d) De la Administración de Justicia en la Región.

27. b) De la organización territorial de la Región.

28. c) En el Título IV.

29. c) En el Título IV.

30. d) De la Constitución, del pueblo y del presente Estatuto.

31. a) A los poderes públicos regionales.

32. d) La Junta de Comunidades.

33. b) Tres capítulos.

34. d) Las Cortes de Castilla La Mancha, el Presidente de la Junta y el Consejo de Gobierno.

35. a) 25 Diputados y un máximo de 35.

36. d) De tres quintos de los miembros del Pleno de la Cámara.

37. a) Cuarenta y ocho horas después de la anterior y la confianza se entenderá otorgada si obtuviese la mayoría simple.

38. b) Se tramitarán sin debate sucesivas propuestas y si en ninguna de ellas se llegara, en el plazo de dos meses, a alcanzar la mayoría simple, quedará automáticamente designado el candidato del partido que tenga mayor número de escaños.

39. b) Solidariamente de su gestión ante las Cortes de Castilla-La Mancha.

40. a) Simple de los Diputados.

41. b) Absoluta de los Diputados.

42. b) 15% de los Diputados.

43. d) Cuando se encuentre convocado un proceso electoral estatal.

44. c) Del artículo 31 al 40.

45. b) Artículo 31.

46. d) Caza y pesca fluvial. Acuicultura.

47. c) Ordenación farmacéutica.

48. d) Todas las anteriores.

49. a) Treinta días a partir de la recepción de la comunicación.

50. d) Todas son correctas.

51. b) Uno de octubre de cada año.

52. d) Una cuarta parte de sus miembros.

TEST N.º 3

Ley 39/2015, de 1 de octubre, del Procedimiento Administrativo Común de las Administraciones Públicas: estructura y contenido esencial y ámbito de aplicación. El acto administrativo: concepto, elementos y clases. La forma y la motivación del acto administrativo. La notificación: contenido, plazo y práctica en papel y a través de medios electrónicos. La notificación infructuosa. La publicación

1. El contenido eventual del acto supone:

a) Que este puede estar condicionado.
b) Que se presume en todos los actos del mismo tipo.
c) Que es connatural con el acto de que se trate.
d) Su carácter reglado.

2. Cuando algo necesariamente forma parte de un acto administrativo, hablamos de contenido:

a) Natural.
b) Legal.
c) Eventual.
d) Implícito.

3. Serán motivados, con sucinta referencia de hechos y fundamentos de Derecho:

a) Los actos que se separen del criterio seguido en actuaciones precedentes o del dictamen de órganos consultivos.
b) Los actos que limiten derechos subjetivos o intereses legítimos.
c) Los actos que resuelvan procedimientos de revisión de oficio de disposiciones o actos administrativos, recursos administrativos y procedimientos de arbitraje y los que declaren su inadmisión.
d) Todas las respuestas son correctas.

4. Según provengan de un solo órgano administrativo o de dos o más órganos administrativos, los actos administrativos se clasifican en:

a) Actos únicos y actos múltiples.
b) Actos de trámite y actos complejos.
c) Actos simples y complejos.
d) Actos básicos y actos complejos.

5. Las cláusulas accesorias de un acto administrativo forman parte del contenido:

a) Natural del acto.
b) Implícito del mismo.
c) Legal del acto.
d) Eventual del acto.

6. Un acto complejo es aquel:

a) En el que intervienen, sucesivamente, en virtud de la tutela administrativa, dos órganos administrativos.
b) Que se adopta por un órgano colegiado.
c) En cuyo proceso de elaboración se ha evacuado el dictamen de un órgano consultivo.
d) En cuya emisión de voluntad han de intervenir, como mínimo, dos órganos administrativos.

7. Según dispone el art. 41 LPACAP, las notificaciones se practicarán preferentemente:

a) Por la vía postal.
b) Telefónicamente.
c) Por medios electrónicos.
d) Por el medio más rápido y económico para la Administración.

8. El procedimiento, que es la vía a través de la cual se elabora la declaración de voluntad, deseo, conocimiento o juicio de la Administración, en que consiste el acto, es un elemento del acto administrativo de tipo:

a) Objetivo.
b) Subjetivo.
c) Formal.
d) Accidental.

9. El acto administrativo está sujeto al principio de legalidad:

a) Siempre.
b) Cuando se trate de actos reglados.
c) Según los casos.
d) No necesariamente.

10. El contenido de un acto administrativo ha de ser:

a) Ilícito y determinado.
b) Posible y lícito.
c) Determinado o determinable e ilícito.
d) Imposible y lícito.

11. Los actos deben motivarse:

a) Siempre.
b) Nunca.
c) Cuando decidan un procedimiento.
d) Cuando la ley lo prescriba.

12. No tienen por qué motivarse los actos que:

a) Resuelvan recursos.
b) Limiten derechos subjetivos.
c) Se separen del dictamen de órganos consultivos.
d) Todos los anteriores deben motivarse.

13. Toda notificación del acto administrativo deberá ser cursada dentro del plazo de:

a) Cinco días a partir de la fecha en que el acto haya sido dictado, y deberá contener el texto íntegro de la resolución, con indicación de si pone fin o no a la vía administrativa, la expresión de los recursos que procedan, en su caso, en vía administrativa y judicial, el órgano ante el que hubieran de presentarse y el plazo para interponerlos, sin perjuicio de que los interesados puedan ejercitar, en su caso, cualquier otro que estimen procedente.
b) Siete días a partir de la fecha en que el acto haya sido dictado, y deberá contener el texto íntegro de la resolución, con indicación de si pone fin o no a la vía administrativa, la expresión de los recursos que procedan, en su caso, en vía administrativa y judicial, el órgano ante el que hubieran de presentarse y el plazo para interponerlos, sin perjuicio de que los interesados puedan ejercitar, en su caso, cualquier otro que estimen procedente.
c) Diez días a partir de la fecha en que el acto haya sido dictado, y deberá contener el texto íntegro de la resolución, con indicación de si pone fin o no a la vía administrativa, la expresión de los recursos que procedan, en su caso, en vía administrativa y judicial, el órgano ante el que hubieran de presentarse y el plazo para interponerlos, sin perjuicio de que los interesados puedan ejercitar, en su caso, cualquier otro que estimen procedente.
d) Quince días a partir de la fecha en que el acto haya sido dictado, y deberá contener el texto íntegro de la resolución, con indicación de si pone fin o no a la vía administrativa, la expresión de los recursos que procedan, en su caso, en vía administrativa y judicial, el órgano ante el que hubieran de presentarse y el plazo para interponerlos, sin perjuicio de que los interesados puedan ejercitar, en su caso, cualquier otro que estimen procedente.

14. En los procedimientos iniciados a solicitud del interesado, la notificación se practicará:

a) Por medio electrónico.
b) Por el medio señalado al efecto por aquel.
c) Por medio de documento físico.
d) Como determine la Administración.

15. Cuando los interesados en un procedimiento sean desconocidos, se ignore el lugar de la notificación o bien, intentada esta, no se hubiese podido practicar, la notificación:

a) No se realizará.
b) Se hará por medio de un anuncio publicado en el «Boletín Oficial del Estado».
c) Se hará a través del juez.
d) No será necesaria.

16. En todo caso, los actos administrativos serán objeto de publicación, surtiendo esta los efectos de la notificación:

a) Cuando el acto tenga por destinatario a una pluralidad indeterminada de personas o cuando la Administración estime que la notificación efectuada a un solo interesado es insuficiente para garantizar la notificación a todos, siendo, en este último caso, adicional a la individualmente realizada.
b) Cuando se trate de actos integrantes de un procedimiento selectivo o de concurrencia competitiva de cualquier tipo.
c) Son correctas las respuestas a) y b)
d) Todas las respuestas anteriores son incorrectas.

17. Si el órgano competente apreciase que la notificación por medio de anuncios o la publicación de un acto lesiona derechos o intereses legítimos:

a) Se debe realizar igualmente.
b) No se realizará.
c) Se limitará a publicar en el Diario oficial que corresponda una somera indicación del contenido del acto y del lugar donde los interesados podrán comparecer, en el plazo que se establezca, para conocimiento del contenido íntegro del mencionado acto y constancia de tal conocimiento.
d) Se hará a solicitud de uno de los interesados.

18. Si el órgano competente apreciase que la notificación por medio de anuncios:

a) Adicionalmente y de manera facultativa, las Administraciones podrán establecer otras formas de notificación complementarias a través de los restantes medios de difusión que no excluirán la obligación de publicar en el correspondiente Diario oficial.

b) Las Administraciones podrán establecer otras formas de notificación complementarias a través de los restantes medios de difusión que excluirán la obligación de publicar en el correspondiente Diario oficial.

c) Adicionalmente y de manera obligatoria, las Administraciones establecerán otras formas de notificación complementarias a través de los restantes medios de difusión que no excluirán la obligación de publicar en el correspondiente Diario oficial.

d) Adicionalmente y de manera obligatoria, las Administraciones establecerán otras formas de notificación complementarias a través de los restantes medios de difusión que no excluirán la obligación de publicar en el correspondiente Diario oficial.

19. En ningún caso se efectuará por medios electrónicos la siguiente notificación:

a) Aquellas en las que el acto a notificar vaya acompañado de elementos que no sean susceptibles de conversión en formato electrónico.

b) Las que contengan medios de pago a favor de los obligados, tales como cheques.

c) Son correctas las respuestas a) y b).

d) Todas las respuestas anteriores son incorrectas.

Solución al test n.º 3

1. a) Que este puede estar condicionado.

2. a) Natural.

3. d) Todas las respuestas son correctas.

4. c) Actos simples y complejos.

5. d) Eventual del acto.

6. d) En cuya emisión de voluntad han de intervenir, como mínimo, dos órganos administrativos.

7. c) Por medios electrónicos.

8. c) Formal.

9. a) Siempre.

10. b) Posible y lícito.

11. d) Cuando la ley lo prescriba.

12. d) Todos los anteriores deben motivarse.

13. c) Diez días a partir de la fecha en que el acto haya sido dictado, y deberá contener el texto íntegro de la resolución, con indicación de si pone fin o no a la vía administrativa, la expresión de los recursos que procedan, en su caso, en vía administrativa y judicial, el órgano ante el que hubieran de presentarse y el plazo para interponerlos, sin perjuicio de que los interesados puedan ejercitar, en su caso, cualquier otro que estimen procedente.

14. b) Por el medio señalado al efecto por aquel.

15. b) Se hará por medio de un anuncio publicado en el «Boletín Oficial del Estado».

16. c) Son correctas las respuestas a) y b)

17. c) Se limitará a publicar en el Diario oficial que corresponda una somera indicación del contenido del acto y del lugar donde los interesados podrán comparecer, en el plazo que se establezca, para conocimiento del contenido íntegro del mencionado acto y constancia de tal conocimiento.

18. a) Adicionalmente y de manera facultativa, las Administraciones podrán establecer otras formas de notificación complementarias a través de los restantes medios de difusión que no excluirán la obligación de publicar en el correspondiente Diario oficial.

19. c) Son correctas las respuestas a) y b).

TEST N.º 4

El régimen local. La Administración local en la Constitución y en los Estatutos de Autonomía. La Carta Europea de Autonomía Local. El principio de autonomía local: significado, contenido y límites

1. La Administración Local está integrada por:

a) Por órganos.
b) Por Entes, no por órganos.
c) Por sujetos de Derecho con personalidad jurídica propia.
d) Son correctas las respuestas b) y c).

2. Uno de los hitos normativos más importantes en la evolución del Régimen Local es:

a) La Constitución Española de 1931.
b) El Decreto de Javier de Burgos, de 30 de noviembre de 1833.
c) La Declaración Universal de los Derechos Humanos.
d) El Estatuto de Bayona de 1808.

3. Se definen como entidades locales integradas por los municipios de grandes aglomeraciones urbanas entre cuyos núcleos de población existan vinculaciones económicas y sociales que hagan necesaria la planificación conjunta y la coordinación de determinados servicios y obras:

a) Las Áreas Metropollitanas.
b) Las Comarcas.
c) Las Mancomunidades.
d) Las entidades de ámbito territorial inferior al Municipio.

4. Son entidades locales territoriales:

a) El municipio y las mancomunidades.
b) Las provincias y las comarcas.

c) El municipio, las provincias y las áreas metropolitanas.
d) La Isla en los archipiélagos balear y canario y los municipios.

5. La no presentación de cuentas por las entidades de ámbito territorial inferior al Municipio ante los organismos correspondientes del Estado y de la Comunidad Autónoma:

a) Conllevará que el personal que estuviera al servicio de la entidad quedará incorporado en la Administración del Estado.
b) Conllevará que el personal que estuviera al servicio de la entidad quedará incorporado en la Administración de la Comunidad Autónoma.
c) Será motivo para la sustitución de sus órganos de gobierno.
d) Será causa de disolución.

6. El artículo 137 de la Constitución Española dispone:

a) El Estado se organiza territorialmente en Municipios, en Provincias y en las Comunidades Autónomas que se constituyan.
b) El Estado se organiza territorialmente en Municipios, en Provincias e Islas.
c) El Estado se organiza territorialmente en Municipios, en Provincias y en Comarcas.
d) El Estado se organiza territorialmente en Municipios, en Provincias y en Concejos.

7. De acuerdo con el artículo 141 de la Constitución Española:

a) El gobierno y la administración autónoma de las provincias estarán encomendados a las Diputaciones u otras Corporaciones de carácter representativo.
b) El gobierno y la administración autónoma de las provincias estarán encomendados al Pleno de la Diputación Provincial.
c) El gobierno y la administración autónoma de las provincias estarán encomendados a la Junta de Gobierno de la Diputación Provincial.
d) El gobierno y la administración autónoma de las Provincias estarán encomendados a las Corporaciones de carácter representativo.

8. Uno de los principios fundamentales en relación con el Régimen Local que recoge la Constitución Española es:

a) La autonomía de las Corporaciones Locales en la gestión de sus intereses.
b) El carácter democrático y representativo de sus órganos de gobierno.
c) La suficiencia de las Haciendas Locales.
d) Todas las respuestas anteriores son correctas.

9. ¿Es posible crear agrupaciones de Municipios diferentes de la Provincia?

a) No.
b) En algunos casos.

c) Solo si lo decide el Presidente del Gobierno.
d) Sí.

10. De conformidad con el artículo 140 de la Constitución Española, los concejales serán elegidos por sufragio:

a) Universal por parte de los ciudadanos del municipio.
b) Universal, igual, libre, e indirecto.
c) Universal, igual, libre, directo y secreto.
d) Universal, igual, libre, directo y secreto, en la forma establecida en la ley.

11. Según el artículo 103.1 de la Constitución Española, la Administración Pública sirve con objetividad los intereses generales y actúa de acuerdo con los principios de:

a) Eficacia, jerarquía, descentralización, desconcentración y suficiencia financiera.
b) Descentralización, desconcentración, altruismo y eficacia.
c) Eficacia, jerarquía, descentralización, desconcentración y coordinación.
d) Eficacia, jerarquía, descentralización, desconcentración y gratuidad.

12. ¿Cuál es la Entidad básica de la organización territorial del Estado y cauce inmediato de participación ciudadana en los asuntos públicos, que institucionaliza y gestiona con autonomía los intereses propios de la respectiva colectividad?

a) La Isla.
b) La Provincia.
c) El Municipio.
d) La Comarca.

13. La Creación de las Áreas Metropolitanas se efectuará por ley de:

a) Las Cortes Generales.
b) El Senado.
c) La Asamblea Legislativa de la Comunidad Autónoma.
d) No será necesaria ley, sino Acuerdo aprobado por la mayoría absoluta de los concejales que conforman cada Municipio.

14. ¿Cuáles son las Entidades Locales integradas por los Municipios de grandes aglomeraciones urbanas entre cuyos núcleos de población existen vinculaciones económicas y sociales que hacen necesaria la planificación conjunta y la coordinación de determinados servicios y obras?

a) Las Áreas Metropolitanas.
b) Las Comarcas.
c) Las Mancomunidades de Municipios.
d) Las Provincias.

15. La Provincia es una Entidad Local con personalidad jurídica propia, determinada por la agrupación de Municipios y división territorial para el cumplimiento de las actividades del Estado. Cualquier alteración de los límites provinciales habrá de ser aprobada:

a) Por las Cortes Generales mediante ley orgánica.
b) Por las Cortes Generales mediante ley ordinaria.
c) Por ley de la Asamblea Legislativa de la Comunidad Autónoma respectiva.
d) Por acuerdo unánime de la Diputación Provincial.

16. La Administración Local está integrada por:

a) Órganos.
b) Organismos
c) Entes.
d) Entidades Institucionales.

17. ¿En qué año se aprobó el vigente Reglamento de Organización, Funcionamiento y Régimen Jurídico de las Entidades Locales?

a) 1991.
b) 1982.
c) 1998.
d) 1986.

18. Señala cuál de los siguientes hitos no forma parte de la evolución de nuestro régimen local:

a) La Constitución de Cádiz de 1812.
b) Los Estatutos Municipal y Provincial de Calvo Sotelo, de 1924 y 1925.
c) Ley Municipal y Provincial de 1870.
d) El Decreto de Javier de León, de 30 de noviembre de 1833.

19. La generalidad en las competencias respecto a la población respectiva se reconoce a los/las:

a) Municipios.
b) Provincias.
c) Islas.
d) Todos los anteriores.

20. La autonomía garantizada por la Constitución respecto de los Entes en que se organiza territorialmente el Estado lo es para:

a) Todo tipo de actuaciones.
b) La gestión de sus intereses.

c) Legislar.
d) Cuestiones políticas.

21. Como consecuencia de la autonomía, respecto de los asuntos que les conciernen, las Entidades Locales:

a) Han de intervenir obligatoriamente.
b) Quedan supeditadas a las directrices que en cada momento les señalen las Administraciones General del Estado y de las Comunidades Autónomas.
c) Exaccionarán los recursos necesarios dotándoselas de una autonomía financiera, al margen de los Presupuestos de las restantes Administraciones.
d) Solo tienen facultades de ejecución.

22. Según la Carta Europea de Autonomía Local, en los procesos de planificación y de decisión de cuestiones que les afecten directamente, las Entidades Locales:

a) Han de tener la última palabra.
b) Quedan sometidas absolutamente a lo que decidan las Administraciones superiores.
c) Debe tener una reserva de todas las competencias.
d) Deben ser consultadas.

23. Según la Carta Europea de Autonomía Local, cuando se encomienden competencias a estas Entidades Locales, debe efectuarse:

a) En lo relativo solo a su ejecución.
b) Sin necesidad de transferencia de medios económicos para ejercerlas.
c) Plena, completa e incondicionalmente, como regla general.
d) Previo referéndum de los ciudadanos afectados por las mismas.

24. Según la Carta Europea de Autonomía Local, el ejercicio de las competencias públicas, como regla general, debe encomendarse a las:

a) Administraciones que cuenten con mayores medios para su eficaz realización.
b) Administraciones Públicas centralizadas.
c) Autoridades más cercanas a los ciudadanos.
d) Entidades que integren en su seno el fenómeno de la participación ciudadana.

25. Según la Carta Europea de Autonomía Local, las competencias de las Entidades Locales:

a) Se fijan por la Constitución.
b) Se fijan por la ley.
c) Se atribuyen de conformidad con la ley.
d) Todo lo anterior es cierto.

26. A tenor del concepto de la garantía institucional de la Autonomía Local:

a) Debe preservarse la existencia de determinadas instituciones locales, que quedan sustraídas a la voluntad del legislador.
b) El Estado y las Comunidades Autónomas no tienen potestades legislativas sobre el Régimen Local.
c) La Constitución ha de efectuar un minucioso desarrollo de las Entidades Locales.
d) Las Entidades Locales están exentas de fiscalización por los órganos jurisdiccionales.

27. La garantía institucional de la Autonomía Local deriva de:

a) La propia Constitución.
b) Las leyes de las Comunidades Autónomas y el Estado sobre Régimen Local.
c) Las decisiones del Consejo de Ministros y de los Consejos de Gobierno de las Comunidades Autónomas.
d) Las sentencias de los Tribunales.

28. La autonomía de las Entidades Locales, a diferencia de la reconocida a las Comunidades Autónomas, es:

a) De carácter político.
b) De mera ejecución de competencias.
c) Esencialmente administrativa.
d) Las respuestas b) y c) son correctas.

29. La permanente fiscalización, aprobación o control de los actos de las Entidades Locales por los órganos de la Administración General del Estado y de la Comunidad Autónoma respectiva:

a) Es una consecuencia natural de la autonomía reconocida a dichas Entidades.
b) Supondría un flagrante atentado contra esta autonomía.
c) Solo se permite respecto de las competencias que tienen atribuidas como propias.
d) Nada de lo anterior es correcto.

30. El ámbito competencial de las Entidades Locales corresponde determinarlo al/a las:

a) Poder Ejecutivo del Estado y de las Comunidades Autónomas.
b) Propias Entidades Locales.
c) Cortes Generales y los Parlamentos Autonómicos.
d) Tribunal Constitucional, al interpretar la Constitución.

31. La autonomía de las Provincias es:

a) De carácter político.
b) De menor alcance e intensidad que la municipal.

c) Igual a la de estos.

d) Inexistente.

32. A diferencia de los Municipios, las Provincias no tienen señalado:

a) Servicios mínimos.

b) Autonomía en la gestión de sus intereses.

c) Competencias.

d) Nada de lo anterior.

33. Está legitimado para suspender por sí mismo los acuerdos de una Entidad Local:

a) El Subdelegado del Gobierno en la provincia.

b) Cualquier órgano periférico de una Comunidad Autónoma.

c) Un Presidente de la misma.

d) Ninguno de los anteriores.

34. Como trámite inexcusable y previo a la suspensión de un acuerdo de una Entidad Local, debe efectuarse:

a) Consulta o informe de la Comunidad Autónoma respectiva.

b) Requerimiento al Presidente de la Entidad.

c) Impugnación ante la Jurisdicción Contencioso-Administrativa.

d) Evacuación de dictamen del Consejo de Estado.

35. Cuando el Consejo de Gobierno de una Comunidad Autónoma proceda a la suspensión de un acuerdo de una Entidad Local:

a) Deberá someterlo a la ratificación del Consejo de Ministros.

b) Ha de impugnar el acuerdo inmediatamente ante la Jurisdicción Contencioso-Administrativa.

c) Debe recabar previamente la autorización del Senado.

d) Cometería una ilegalidad absoluta al carecer de esta facultad.

36. Como consecuencia de la suspensión a que se viene haciendo referencia, el acuerdo suspendido:

a) Queda ineficaz transitoriamente.

b) Se somete, en su ejecución, al control del órgano que lo suspendió.

c) Queda anulado.

d) Ha de someterse a la ratificación de este órgano.

37. Un requisito ineludible para que pueda llevarse a cabo esta suspensión es que:

a) Atente presuntamente el acuerdo, con carácter grave, al interés general de España.
b) Comporte una invasión de competencias del Estado o de las Comunidades Autónomas.
c) Sea constitutivo de delito el acuerdo suspendido.
d) Las respuestas a) y b) son correctas.

38. La impugnación de los actos de un Ayuntamiento previamente suspendidos por el Delegado del Gobierno de la Nación debe hacerse en:

a) Ningún caso.
b) Los diez días naturales siguientes a la suspensión.
c) Los diez días hábiles siguientes a la misma.
d) Los dos meses siguientes, a través de recurso contencioso-administrativo.

Solución al test n.º 4

1. d) Son correctas las respuestas b) y c).

2. b) El Decreto de Javier de Burgos, de 30 de noviembre de 1833.

3. a) Las Áreas Metropolitanas.

4. d) La Isla en los archipiélagos balear y canario y los municipios.

5. d) Será causa de disolución.

6. a) El Estado se organiza territorialmente en Municipios, en Provincias y en las Comunidades Autónomas que se constituyan.

7. a) El gobierno y la administración autónoma de las provincias estarán encomendados a las Diputaciones u otras Corporaciones de carácter representativo.

8. d) Todas las respuestas anteriores son correctas.

9. d) Sí.

10. d) Universal, igual, libre, directo y secreto, en la forma establecida en la ley.

11. c) Eficacia, jerarquía, descentralización, desconcentración y coordinación.

12. c) El Municipio.

13. c) La Asamblea Legislativa de la Comunidad Autónoma.

14. a) Las Áreas Metropolitanas.

15. a) Por las Cortes Generales mediante ley orgánica.

16. c) Entes.

17. d) 1986.

18. d) El Decreto de Javier de León, de 30 de noviembre de 1833.

19. a) Municipios.

20. b) La gestión de sus intereses .

21. a) Han de intervenir obligatoriamente.

22. d) Deben ser consultadas.

23. c) Plena, completa e incondicionalmente, como regla general.

24. c) Autoridades más cercanas a los ciudadanos.

25. d) Todo lo anterior es cierto.

26. a) Debe preservarse la existencia de determinadas instituciones locales, que quedan sustraídas a la voluntad del legislador.

27. a) La propia Constitución.

28. c) Esencialmente administrativa.

29. b) Supondría un flagrante atentado contra esta autonomía.

30. c) Cortes Generales y los Parlamentos Autonómicos.

31. b) De menor alcance e intensidad que la municipal.

32. a) Servicios mínimos.

33. d) Ninguno de los anteriores.

34. b) Requerimiento al Presidente de la Entidad.

35. d) Cometería una ilegalidad absoluta al carecer de esta facultad.

36. a) Queda ineficaz transitoriamente.

37. a) Atente presuntamente el acuerdo, con carácter grave, al interés general de España.

38. c) Los diez días hábiles siguientes a la misma.

TEST N.º 5

El presupuesto general de las entidades locales: concepto y contenido. Especial referencia a las bases de ejecución del presupuesto. La elaboración y aprobación del presupuesto. La prórroga del presupuesto

1. Los Presupuestos Generales de las Entidades Locales constituyen de acuerdo con el Texto Refundido de la Ley Reguladora de las Haciendas Locales:

a) La expresión de las obligaciones que, como máximo, pueden reconocer la Entidad y sus Organismos Autónomos.

b) La expresión cifrada, conjunta y sistemática de las obligaciones que, como máximo, pueden reconocer la Entidad y sus Organismos Autónomos.

c) La expresión cifrada, general y sistemática de las obligaciones que, como máximo, pueden reconocer la Entidad y sus Organismos Autónomos.

d) La expresión contable, conjunta y sistemática de las obligaciones que, como máximo, pueden reconocer la Entidad y sus Organismos Autónomos.

2. Las Entidades Locales elaborarán y aprobarán anualmente un Presupuesto General en el que se integrarán:

a) El Presupuesto de los organismos autónomos dependientes.

b) Los estados de previsión de gastos e ingresos de las Sociedades Mercantiles cuyo capital social pertenezca íntegramente a la Entidad Local.

c) Las respuestas a) y b) son correctas.

d) El presupuesto agregado de la propia Entidad.

3. Es contenido mínimo de las Bases de Ejecución del Presupuesto deberá incluir:

a) Normas que regulen el procedimiento de ejecución del Presupuesto.

b) Regulación de las transferencias de créditos.

c) Niveles de vinculación jurídica de los créditos.

d) Todas respuestas son correctas.

4. ¿Qué norma regula la estructura de los Presupuestos de las Entidades Locales?

a) Orden EHA/3565/2006, de 3 de diciembre, por la que se aprueba la estructura de los Presupuestos de las Entidades Locales de los bienes de uso privado.

b) Orden EHA/3565/2008, de 3 de diciembre, por la que se aprueba la estructura de los Presupuestos de las Entidades Locales.

c) Orden de 20 de septiembre de 1989 por la que se establece la estructura de los presupuestos de las entidades locales.

d) Orden EHA/3565/2005, de diciembre, por la que se aprueba la estructura de los presupuestos de las entidades locales.

5. Dentro de las áreas de gasto del presupuesto, se incluye en el área de gasto 2 referente a Actuaciones de protección y promoción social:

a) Seguridad y movilidad ciudadana.

b) Pensiones.

c) Cultura.

d) Agricultura, ganadería y pesca.

6. ¿En qué área de gasto se incluye la política de gasto denominada "Infraestructuras"?

a) Actuaciones de carácter económico.

b) Actuaciones de carácter general.

c) Producción de bienes públicos de carácter preferente.

d) Deuda pública.

7. ¿En qué área de gasto se incluye la política de gasto denominada "Administración financiera y tributaria"?

a) Actuaciones de carácter general.

b) Actuaciones de carácter económico.

c) Actuaciones de protección y promoción social.

d) Producción de bienes públicos de carácter preferente.

8. ¿En qué área de gasto se incluye la política de gasto denominada "Sanidad"?

a) Producción de bienes públicos de carácter preferente.

b) Actuaciones de protección y promoción social.

c) Servicios públicos básicos.

d) Actuaciones de carácter general.

9. ¿En qué área de gasto se incluye la política de gasto denominada "Fomento del empleo"?

a) Servicios públicos básicos.

b) Actuaciones de protección y promoción social.

c) Actuaciones de carácter económico.

d) Actuaciones de carácter general.

10. En relación con la Clasificación Económica de los Gastos del Presupuesto de las Entidades Locales se distingue entre:

a) Operaciones abiertas y cerradas.

b) Operaciones limitadas y no limitadas.

c) Operaciones financieras y no financieras.

d) Operaciones a préstamo y liberadas.

11. El Fondo de Contingencia tiene como fin:

a) Atender al abono de los intereses de las operaciones de crédito.

b) Hacer frente a los gastos de contratación del personal laboral.

c) Completar aquellas aplicaciones presupuestarias que necesiten ser ampliadas.

d) Atender a las necesidades imprevistas, inaplazables y no discrecionales, para las que no exista crédito presupuestario o el previsto resulte insuficiente.

12. El Fondo de Contingencia y Otros Imprevistos se ha de incluir obligatoriamente en los Presupuestos:

a) De los municipios con población superior a 5.000 habitantes.

b) De las capitales de provincia.

c) De los municipios con población superior a 15.000 habitantes.

d) De los municipios con población superior a 25.000 habitantes.

13. Respecto a la Clasificación Económica de los Gastos del Presupuesto de las Entidades Locales, dentro del capítulo 1: Gastos de personal, se encuentra el gasto siguiente:

a) Gastos de naturaleza social.

b) Cotizaciones obligatorias de las entidades locales y de sus organismos autónomos a los distintos regímenes de Seguridad Social.

c) Retribuciones fijas y variables.

d) Todas las respuestas son verdaderas.

14. En relación con la Clasificación Económica de los Ingresos del Presupuesto de las Entidades Locales:

a) Se distinguen las operaciones no financieras de las financieras, subdividiéndose las segundas en operaciones corrientes y de capital.

b) Se distinguen las operaciones no financieras de las financieras, subdividiéndose las primeras en operaciones corrientes y de capital.

c) Se distinguen las operaciones no financieras, operaciones corrientes y de capital.

d) Se distinguen las operaciones no financieras de las financieras y de capital.

15. En relación con la Clasificación Económica de los Ingresos del Presupuesto de las Entidades Locales no forman parte de las operaciones corrientes:

a) Impuestos directos.
b) Transferencias de capital.
c) Tasas, precios públicos y otros ingresos.
d) Ingresos patrimoniales.

16. Dentro de los Pasivos Financieros se recoge:

a) El ingreso que obtienen las entidades locales y sus organismos autónomos por la enajenación de activos financieros.
b) La financiación de las entidades locales y sus organismos autónomos procedente de la emisión de Deuda Pública.
c) Las dos respuestas anteriores son correctas.
d) Ninguna respuesta es correcta.

17. ¿Quién forma el presupuesto de la Entidad Local?

a) El Presidente de la entidad.
b) El Interventor.
c) El Secretario.
d) El Tesorero.

18. Deberán unirse al presupuesto como documentación:

a) Anexo de las inversiones a realizar en un plazo de cuatro años.
b) Anexo de personal de la Entidad Local.
c) Liquidación de los presupuestos de ejercicios anteriores.
d) Todas las respuestas son verdaderas.

19. Aprobado inicialmente el presupuesto general, se expondrá al público, previo anuncio en el boletín oficial de la provincia o, en su caso, de la comunidad autónoma uniprovincial:

a) Por quince días.
b) Por treinta días.
c) Por veinte días.
d) Por cuarenta días.

20. El presupuesto se considerará definitivamente aprobado si durante el plazo de alegaciones:

a) No se hubiesen presentado reclamaciones.
b) Se hubieran presentado reclamaciones con falta de motivación.
c) Se hubieran presentado reclamaciones infundadas.
d) Se hubieran presentado reclamaciones extemporáneas o basadas en datos irreales.

21. Únicamente podrán entablarse reclamaciones contra el Presupuesto:

a) Por ser de manifiesta insuficiencia los ingresos con relación a los gastos.
b) Por no haberse ajustado su elaboración a los trámites legalmente establecidos al efecto.
c) Por no haberse ajustado su aprobación a los trámites legalmente establecidos al efecto.
d) Todas las respuestas son válidas.

22. Si al iniciarse el ejercicio económico no hubiese entrado en vigor el presupuesto correspondiente:

a) Se iniciará de nuevo todo el procedimiento de aprobación.
b) Dará lugar a una cuestión de confianza.
c) Se considerará automáticamente prorrogado el del anterior, con sus créditos iniciales.
d) Se adoptará una moción de censura.

23. El Presupuesto, con respecto a los gastos, es un/una:

a) Previsión.
b) Límite mínimo.
c) Límite cuantitativo.
d) Cálculo aproximado.

24. Las obligaciones reconocidas y los derechos liquidados se aplicarán a los Presupuestos:

a) Por su importe íntegro.
b) En ningún supuesto.
c) Minorándose.
d) Nada de lo anterior es cierto.

25. Las reglas que deben seguirse en la ejecución del Presupuesto se contienen en la/las/los:

a) Memoria del mismo.
b) Delegaciones de gastos.
c) Bases de Ejecución.
d) Estudios Financieros.

26. A la obligación de la Entidad de destinar los créditos al fin específico que se detalle en la plasmación escrita del Presupuesto, sin poder realizar cambios o traslados de los mismos a otros fines no recogidos en el nivel de que se trate se le denomina:

a) Regulación de las transferencias de créditos.
b) Acumulación de varias fases de la ejecución del Presupuesto.

c) Niveles de vinculación jurídica de los créditos.
d) Disponibilidad presupuestaria.

27. Debe acompañarse como Anexo al Presupuesto General de una Corporación el/los:

a) Presupuestos de los Organismos Autónomos dependientes de la misma.
b) Estados de previsión de gastos e ingresos de las Sociedades Mercantiles de capital íntegro de la Entidad.
c) Estado de consolidación del Presupuesto de la propia Entidad con el de todos los Presupuestos y estados de previsión de sus Organismos Autónomos y Sociedades Mercantiles.
d) Las respuestas a) y b) son ciertas.

28. Asimismo, debe unirse como Anexo el/los:

a) Niveles de vinculación jurídica de los créditos.
b) Presupuesto de los Organismos Autónomos dependientes de la Entidad.
c) Estados de Gastos.
d) Planes y programas de inversión y financiación.

29. Las estimaciones de los distintos recursos económicos a liquidar durante el ejercicio se contienen en/en el:

a) Estado de Ingresos.
b) Estado de previsión de gastos e ingresos.
c) Estado de Gastos.
d) Ninguno de ellos.

30. Por su parte, los créditos necesarios para atender el cumplimiento de las obligaciones ordinarias se contienen en/en el:

a) Estado de Ingresos.
b) Plan de Inversión.
c) Estado de Gastos.
d) Todos los anteriores.

31. El Plan de Inversiones de una Corporación debe coordinarse con el/los:

a) Planes de Etapas del Planeamiento Urbanístico.
b) Programa Financiero o de Financiación.
c) Planes de Inversiones de la Comunidad Autónoma.
d) Las respuestas a) y b) son ciertas.

32. Y debe completarse dicho Plan con el/los:

a) Programa de Actuación del Planeamiento Urbanístico.
b) Planes de Etapas del citado Planeamiento.
c) Planes de Inversión autonómicos.
d) Programa Financiero o de Financiación.

33. Este Plan de Inversiones se formula por un plazo de:

a) Ocho años.
b) Un año, prorrogable uno más.
c) Cuatro años.
d) Dos años.

34. Y se revisa con carácter:

a) Trimestral.
b) Anual.
c) Bianual.
d) Semestral.

35. De este Plan de Inversiones se da cuenta, en un Municipio de régimen común, al/a la:

a) Junta de Gobierno Local, al comienzo de cada ejercicio.
b) Pleno coincidiendo con la aprobación del Presupuesto.
c) Alcalde, cada mes.
d) Opinión pública, al finalizar el mandato de la Corporación.

36. Y al revisarlo:

a) Se liquida el mismo con carácter definitivo.
b) Se le añade un nuevo ejercicio a sus previsiones.
c) Censura la gestión de la Corporación.
d) Nada de lo anterior es correcto.

37. Los Presupuestos que se integran en el Presupuesto General de la Corporación deberán aprobarse:

a) Separadamente de este.
b) Con déficit equilibrado.
c) Sin déficit inicial.
d) Por el Alcalde.

38. Para que, a lo largo del ejercicio económico no se presente déficit en el Presupuesto:

a) Se compensarán en el mismo momento en que se acuerden los decrementos de los créditos y los incrementos de los ingresos.
b) Dicha compensación se efectuará respecto de los decrementos de los ingresos y los incrementos de los créditos.
c) No se llevará a cabo gasto alguno que lo provoque.
d) Se incrementarán los conceptos tributarios vigentes.

39. La estructura de los Presupuestos de las Corporaciones Locales se fija por el:

a) Presidente de las mismas.
b) Ministerio de Hacienda.
c) Pleno de ellas.
d) Interventor General de Fondos respectivo.

40. ¿Quién puede aprobar Reglamentos o Normas generales que desarrollen los procedimientos de ejecución del Presupuesto?

a) El Presidente de la Entidad Local.
b) La Junta General de la Entidad Local.
c) El Pleno de la Entidad Local.
d) El Alcalde de la Entidad Local.

41. Dentro de la clasificación por programas de los gastos, el Área de Gasto 1 se refiere a la:

a) Servicios públicos básicos.
b) Actuaciones de carácter económico.
c) Actuaciones de carácter general.
d) Actuaciones de protección y promoción social.

42. Las áreas de gasto se dividen con carácter inmediato en:

a) Grupos de programas.
b) Políticas de programas.
c) Políticas de gasto.
d) Capítulos de gasto.

43. En la Clasificación Económica de los Gastos no hay Capítulo:

a) De transferencias corrientes.
b) Número diez.
c) De gastos financieros.
d) De activos financieros.

44. Según la Clasificación Económica, los gastos se clasifican, dentro de las operaciones no financieras, en:

a) De obligaciones generales y obligaciones diversas.
b) De actividades generales y económicas.
c) Por objetivos.
d) De operaciones de capital y operaciones corrientes.

45. La política de gasto de los órganos de gobierno de una Corporación Local se incluye en la siguiente área de gasto:

a) 1.
b) 4.
c) 9.
d) 0.

46. Por su parte, la Cultura se incluye en la siguiente área de gasto:

a) 1.
b) 2.
c) 3.
d) 4.

47. Las partidas presupuestarias desarrollan, dentro de la Clasificación Económica de los gastos, los/las:

a) Subfunciones.
b) Subconceptos.
c) Programas.
d) Artículos.

48. El Capítulo 1 de la Clasificación Económica de los Gastos se refiere a:

a) Gastos financieros.
b) Transferencias corrientes.
c) Gastos de Personal.
d) Gastos de servicios.

49. La adquisición de activos financieros por las Entidades Locales, se recoge en el siguiente Capítulo de la Clasificación Económica de los Gastos:

a) 8.
b) 9.
c) 7.
d) 6.

50. Por su parte, dentro de dicha Clasificación, los gastos de indemnizaciones por razón del servicio a los funcionarios se recogen en el siguiente Capítulo:

a) Gastos de Personal.
b) Gastos en bienes corrientes y de servicios.
c) Transferencias corrientes.
d) Gastos Financieros.

51. En la Clasificación Económica de los Ingresos, la financiación de las Entidades procedente de la emisión de deuda pública se recoge en el siguiente Capítulo:

a) Transferencias corrientes.
b) Ingresos patrimoniales.
c) Pasivos Financieros.
d) Transferencias de capital.

52. El Presupuesto de las Entidades Locales legalmente debe aprobarse definitivamente:

a) Antes de concluir el ejercicio económico en el que haya de aplicarse.
b) Antes de concluir el ejercicio económico anterior a aquel en que vaya a regir.
c) Cuando lo estime oportuno la Corporación.
d) En el mes de enero del ejercicio económico a que se refiera.

53. A los efectos anteriores, el Presidente de la Corporación remitirá al Pleno de la misma el proyecto de Presupuesto:

a) Antes del 15 de octubre del año anterior al en que va a regir.
b) Al finalizar el ejercicio económico anterior.
c) Cuando se lo demande el propio Pleno.
d) El primer día hábil del mes de enero del ejercicio económico al que se refiera.

54. En el supuesto de que no esté aprobado el Presupuesto antes del primer día del ejercicio económico a que se refiera:

a) No puede realizarse gasto alguno hasta que no se efectúe dicha aprobación.
b) Incurrirá en responsabilidad contable el Presidente.
c) Deberá incoarse expediente de habilitación de créditos.
d) Se prorroga automáticamente el del ejercicio anterior.

55. La formación del Proyecto de Presupuesto, en un Municipio de régimen común, es competencia del:

a) Pleno de la Corporación.
b) Presidente de la misma.

c) Interventor General de Fondos.
d) Tesorero.

56. El plazo de exposición al público de un Presupuesto, tras su aprobación inicial es de:

a) Treinta días hábiles.
b) Quince días hábiles.
c) Quince días naturales.
d) Un mes.

57. El Pleno de la Corporación tiene de plazo para resolver las reclamaciones presentadas en el período de exposición al público del Presupuesto:

a) Dos meses.
b) Un mes.
c) Treinta días.
d) Veinte días.

58. Debe insertarse el Presupuesto íntegramente en el:

a) Diario de mayor difusión de la Provincia.
b) Boletín Oficial de la Corporación, si lo tuviere.
c) Boletín Oficial de la Provincia.
d) Tablón de Edictos de la Corporación.

59. El Presupuesto entrará en vigor desde:

a) Su aprobación definitiva por el Pleno.
b) La recepción de copia del mismo por la Administración del Estado y de la Comunidad Autónoma respectiva.
c) La publicación en el diario de mayor circulación de la Provincia.
d) El ejercicio correspondiente, una vez publicado en el boletín oficial de la corporación, si lo tuviera, y, resumido por capítulos de cada uno de los presupuestos que lo integran, en el de la provincia o, en su caso, de la Comunidad Autónoma uniprovincial.

60. Contra la aprobación definitiva del Presupuesto el recurso que puede interponerse es:

a) Obligatoriamente, el de reposición como previo a la vía contencioso-administrativa.
b) Ante el Tribunal de Cuentas.
c) El contencioso-administrativo, sin necesidad de previa reposición.
d) El económico-administrativo.

61. El informe del Tribunal de Cuentas está previsto para el supuesto de que:

a) El Presupuesto se apruebe fuera del plazo señalado para ello.
b) Cuando la impugnación se refiera a la nivelación presupuestaria.
c) Se opte por prescindir del período de exposición al público.
d) Se lo pida el Presidente de la Corporación.

Solución al test n.º 5

1. b) La expresión cifrada, conjunta y sistemática de las obligaciones que, como máximo, pueden reconocer la Entidad y sus Organismos Autónomos.

2. c) Las respuestas a) y b) son correctas.

3. d) Todas respuestas son correctas.

4. b) Orden EHA/3565/2008, de 3 de diciembre, por la que se aprueba la estructura de los Presupuestos de las Entidades Locales.

5. b) Pensiones.

6. a) Actuaciones de carácter económico.

7. a) Actuaciones de carácter general.

8. a) Producción de bienes públicos de carácter preferente.

9. b) Actuaciones de protección y promoción social.

10. c) Operaciones financieras y no financieras.

11. d) Atender a las necesidades imprevistas, inaplazables y no discrecionales, para las que no exista crédito presupuestario o el previsto resulte insuficiente.

12. b) De las capitales de provincia.

13. d) Todas las respuestas son verdaderas.

14. b) Se distinguen las operaciones no financieras de las financieras, subdividiéndose las primeras en operaciones corrientes y de capital.

15. b) Transferencias de capital.

16. b) La financiación de las entidades locales y sus organismos autónomos procedente de la emisión de Deuda Pública.

17. a) El Presidente de la entidad.

18. b) Anexo de personal de la Entidad Local.

19. a) Por quince días.

20. a) No se hubiesen presentado reclamaciones.

21. d) Todas las respuestas son válidas.

22. c) Se considerará automáticamente prorrogado el del anterior, con sus créditos iniciales.

23. c) Límite cuantitativo.

24. a) Por su importe íntegro.

25. c) Bases de Ejecución.

26. c) Niveles de vinculación jurídica de los créditos.

27. c) Estado de consolidación del Presupuesto de la propia Entidad con el de todos los Presupuestos y estados de previsión de sus Organismos Autónomos y Sociedades Mercantiles.

28. d) Planes y programas de inversión y financiación.

29. a) Estado de Ingresos.

30. c) Estado de Gastos.

31. a) Planes de Etapas del Planeamiento Urbanístico.

32. d) Programa Financiero o de Financiación.

33. c) Cuatro años.

34. b) Anual.

35. b) Pleno coincidiendo con la aprobación del Presupuesto.

36. b) Se le añade un nuevo ejercicio a sus previsiones.

37. c) Sin déficit inicial.

38. b) Dicha compensación se efectuará respecto de los decrementos de los ingresos y los incrementos de los créditos.

39. b) Ministerio de Hacienda.

40. c) El Pleno de la Entidad Local.

41. a) Servicios públicos básicos.

42. c) Políticas de gasto.

43. b) Número diez.

44. d) De operaciones de capital y operaciones corrientes.

45. c) 9.

46. c) 3.

47. b) Subconceptos.

48. c) Gastos de Personal.

49. a) 8.

50. a) Gastos de Personal.

51. c) Pasivos Financieros.

52. b) Antes de concluir el ejercicio económico anterior a aquel en que vaya a regir.

53. a) Antes del 15 de octubre del año anterior en que va a regir.

54. d) Se prorroga automáticamente el del ejercicio anterior.

55. b) Presidente de la misma.

56. b) Quince días hábiles.

57. b) Un mes.

58. b) Boletín Oficial de la Corporación, si lo tuviere.

59. d) El ejercicio correspondiente, una vez publicado en el boletín oficial de la corporación, si lo tuviera, y, resumido por capítulos de cada uno de los presupuestos que lo integran, en el de la provincia o, en su caso, de la Comunidad Autónoma uni-provincial.

60. c) El contencioso-administrativo, sin necesidad de previa reposición.

61. b) Cuando la impugnación se refiera a la nivelación presupuestaria.

Parte Especial

TEST N.º 1

El municipio: concepto y elementos. El término municipal: el problema de la planta municipal. Alteraciones de términos municipales. Legislación básica y autonómica. La población municipal. El padrón de habitantes. El estatuto de los vecinos. Derechos de los extranjeros. El concejo abierto. Otros regímenes especiales

1. Los elementos del Municipio son:

a) El territorio, la población y la financiación.
b) El territorio, las instituciones y la organización.
c) La organización, la autonomía y el territorio.
d) La población, la organización y el territorio.

2. Según el Reglamento de Población y Demarcación Territorial de las Entidades Locales el término municipal es:

a) El territorio en que el Ayuntamiento ejerce su jurisdicción.
b) El territorio en que el Ayuntamiento ejerce sus competencias.
c) El territorio en que el Ayuntamiento ejerce su política.
d) Las respuestas b) y c) son correctas.

3. De acuerdo con lo dispuesto en la Ley de Bases de Régimen Local:

a) La creación de nuevos municipios solo podrá realizarse sobre la base de núcleos de población territorialmente diferenciados, de al menos 25.000 habitantes.
b) La creación de nuevos municipios solo podrá realizarse sobre la base de núcleos de población territorialmente diferenciados, de al menos 4.000 habitantes.
c) La creación de nuevos municipios solo podrá realizarse sobre la base de núcleos de población territorialmente diferenciados, de al menos 3.000 habitantes.
d) La creación de nuevos municipios solo podrá realizarse sobre la base de núcleos de población territorialmente diferenciados, de al menos 250.000 habitantes.

4. ¿La alteración de términos municipales podrá suponer la modificación de los límites provinciales?

a) Solo en casos excepcionales.
b) En ningún caso.
c) Cuando concurran los requisitos establecidos en la ley.
d) Sí.

5. En los casos de fusión de municipios:

a) El nuevo municipio se subrogará en todos los derechos y obligaciones de los anteriores municipios.
b) El nuevo municipio resultante de la fusión no podrá segregarse hasta transcurridos cien años.
c) El órgano del gobierno del nuevo municipio resultante estará constituido transitoriamente por la suma de los concejales de los municipios fusionados.
d) Las respuestas a) y c) son correctas.

6. Son derechos y deberes de los vecinos:

a) Contribuir mediante la aportación de sus bienes inmuebles a la realización de las competencias municipales.
b) Exigir la prestación y, en su caso, el establecimiento del correspondiente servicio público, en el supuesto de constituir una competencia municipal propia aunque no sea de carácter obligatorio.
c) Acceder a los aprovechamientos comunales.
d) Ejercer la iniciativa individual en los términos previstos en el art. 70 bis de la Ley de Bases de Régimen Local.

7. La inscripción de los extranjeros en el Padrón municipal:

a) Constituirá prueba de su residencia legal en España.
b) Iniciará el expediente de adquisición de la nacionalidad española.
c) No les atribuirá ningún derecho que no les confiera la legislación vigente.
d) Permitirá obtener un permiso de trabajo.

8. El padrón municipal es:

a) La base de datos donde constan los nombres de los vecinos.
b) El registro administrativo donde solo constan los domicilios de los vecinos.
c) El registro administrativo donde constan los vecinos de un municipio.
d) El registro administrativo donde solo constan los domicilios de los extranjeros del municipio.

9. La inscripción en el Padrón municipal contendrá como obligatorios los siguientes datos:

a) Las matrículas de los vehículos de los vecinos.
b) El número de identificación de los aparatos tecnológicos existentes en cada casa.
c) Los ascendientes que habitan en cada casa.
d) Ninguna de las respuestas es correcta.

10. Quien viva en varios Municipios:

a) Deberá inscribirse únicamente en el Padrón municipal del municipio en el que habite durante más tiempo al año.
b) Deberá inscribirse únicamente en el Padrón municipal del municipio en el que tenga su lugar de trabajo.
c) Deberá inscribirse únicamente en el Padrón municipal del municipio en el que haya nacido.
d) Deberá inscribirse en el Padrón municipal de todos los municipios.

11. ¿Existe Padrón de españoles residentes en el extranjero?

a) Sí.
b) No.
c) Sí, y su formación se realizará por la Administración General del Estado.
d) Solo para aquellos que se encuentren en la Unión Europea.

12. Funcionan en régimen de Concejo Abierto:

a) Los municipios de menos de 200 habitantes.
b) Los municipios de menos de 300 habitantes.
c) Los municipios de menos de 500 habitantes.
d) Los municipios que tradicional y voluntariamente cuenten con ese singular régimen de gobierno y administración.

13. La personalidad jurídica de los Municipios, según la Constitución Española, es:

a) Propia.
b) Plena.
c) Reconocida por el Ente que los crea.
d) Dependiente de su autonomía.

14. La pertenencia de un Municipio a dos Provincias:

a) Se admite excepcionalmente.
b) Ha de estar prevista en norma con rango de ley.
c) Está prohibida en nuestro ordenamiento jurídico.
d) Las respuestas a) y b) son ciertas.

15. La división del término municipal en distritos, barrios, etc., es competencia del/de la:

a) Instituto Geográfico Nacional.
b) Diputación Provincial.
c) Ayuntamiento respectivo.
d) Comunidad Autónoma.

16. Para ser vecino de un Municipio:

a) Hay que estar empadronado como tal en él.
b) Basta con la residencia habitual en el mismo.
c) No es necesario ser mayor de edad.
d) Debe saberse leer y escribir.

17. En el Padrón no debe constar respecto de un vecino su:

a) Sexo.
b) Domicilio habitual.
c) Lugar de nacimiento.
d) Debe figurar todo lo anterior.

18. El Consejo de Empadronamiento está adscrito al/a la:

a) Presidencia del Gobierno de la Nación.
b) Ministerio del Interior.
c) Ministerio de Economía, Comercio y Empresa.
d) Ministerio de la Presidencia, Justicia y Relaciones con las Cortes.

19. La confección del Padrón de españoles residentes en el extranjero es competencia del/de la:

a) Ayuntamiento de su último domicilio en España.
b) Comunidad Autónoma donde hubieren nacido.
c) Administración General del Estado.
d) Embajada o Consulado español en el país en que residan.

20. Las directrices e instrucciones técnicas para la formación, mantenimiento y rectificación del Padrón corresponde emanarlas al/a la:

a) Propio Ayuntamiento Pleno.
b) Administración General del Estado.
c) Comunidad Autónoma.
d) Alcalde.

Solución al test n.º 1

1. d) La población, la organización y el territorio.

2. b) El territorio en que el Ayuntamiento ejerce sus competencias.

3. b) La creación de nuevos municipios solo podrá realizarse sobre la base de núcleos de población territorialmente diferenciados, de al menos 4.000 habitantes.

4. b) En ningún caso.

5. d) Las respuestas a) y c) son correctas.

6. c) Acceder a los aprovechamientos comunales.

7. c) No les atribuirá ningún derecho que no les confiera la legislación vigente.

8. c) El registro administrativo donde constan los vecinos de un municipio.

9. d) Ninguna de las respuestas es correcta.

10. a) Deberá inscribirse únicamente en el Padrón municipal del municipio en el que habite durante más tiempo al año.

11. c) Sí, y su formación se realizará por la Administración General del Estado.

12. d) Los municipios que tradicional y voluntariamente cuenten con ese singular régimen de gobierno y administración.

13. b) Plena.

14. c) Está prohibida en nuestro ordenamiento jurídico.

15. c) Ayuntamiento respectivo.

16. a) Hay que estar empadronado como tal en él.

17. d) Debe figurar todo lo anterior.

18. c) Ministerio de Economía, Comercio y Empresa

19. c) Administración General del Estado.

20. b) Administración General del Estado.

TEST N.º 2

La organización municipal. Órganos necesarios: alcalde, tenientes de alcalde, pleno y junta de gobierno local. Órganos complementarios: comisiones Informativas y otros órganos. Estatuto de los miembros electivos de las corporaciones locales. Los grupos políticos y los concejales no adscritos. La participación vecinal en la gestión municipal. Especialidades del régimen orgánico-funcional en los municipios de gran población

1. La organización municipal responde a las siguientes reglas:

a) El Alcalde, los Tenientes de Alcalde y el Pleno existen en todos los Ayuntamientos.
b) El Alcalde, la Junta de Gobierno y el Pleno existen en todos los Ayuntamientos.
c) El Alcalde y el Pleno existen en todos los Ayuntamientos.
d) El Alcalde y la Junta de Gobierno existen en todos los Ayuntamientos.

2. La Comisión Especial de Cuentas:

a) Existe en todos los municipios.
b) Existe en los municipios en que así se acuerde.
c) Existe en los municipios de más de 1000 habitantes.
d) Ninguna de las respuestas es correcta.

3. De acuerdo con la Ley Orgánica de Régimen Electoral será proclamado alcalde electo:

a) El Concejal que haya obtenido la mayoría simple de los votos de los concejales.
b) El Concejal que encabece la lista que haya obtenido mayor número de votos populares.
c) El Concejal que haya obtenido la mayoría absoluta de los votos de los concejales.
d) El Concejal que haya ganado el sorteo.

4. Los alcaldes tendrán tratamiento de:

a) Ilustrísima en los municipios de Madrid y Barcelona.
b) Excelencia en los municipios que sean capitales de provincia.

c) Señoría en los municipios que no sean capitales de provincia ni las ciudades de Madrid y Barcelona.
d) Ilustrísima en todos los municipios.

5. La cuestión de confianza a la que podrá ser sometido el Alcalde se puede vincular a:

a) La aprobación o modificación de los Presupuestos anuales.
b) La aprobación o modificación del Reglamento Orgánico.
c) La aprobación o modificación de las Ordenanzas Fiscales.
d) Todas las respuestas son verdaderas.

6. No es una atribución del Alcalde:

a) Aprobar la oferta de empleo público.
b) La aprobación del reglamento orgánico y de las ordenanzas.
c) Dictar Bandos.
d) Ejercer la jefatura de la Policía Municipal.

7. Es una atribución del Pleno del Ayuntamiento:

a) La alteración de la calificación jurídica de los bienes de dominio público.
b) La aprobación inicial de las leyes.
c) Desempeñar la jefatura superior de todo el personal.
d) Ordenar la publicación, ejecución y hacer cumplir los acuerdos del Ayuntamiento.

8. La Junta de Gobierno Local se integra por el Alcalde y un número de Concejales:

a) No superior al tercio del número legal de los mismos.
b) No superior a la mitad del número legal de los mismos.
c) No superior a dos tercios del número legal de los mismos.
d) Ninguna de las respuestas es correcta.

9. El régimen peculiar para los Municipios de gran población será aplicable:

a) A los municipios que sean capitales autonómicas.
b) A los municipios cuya población supere los 50.000 habitantes.
c) A los municipios cuya población supere los 150.000 habitantes.
d) Las respuestas a) y b) son correctas.

10. En los municipios de gran población corresponde a la Junta de Gobierno:

a) La aprobación y modificación de las ordenanzas y reglamentos municipales.
b) La aprobación del proyecto de presupuesto.
c) Los acuerdos relativos a la participación en organizaciones supramunicipales.
d) Dictar bandos, decretos e instrucciones.

11. En los municipios de gran población tendrán la consideración de órganos directivos:

a) El Alcalde.
b) El titular de la asesoría jurídica.
c) Los miembros de la Junta de Gobierno Local.
d) Las respuestas a) y c) son correctas.

12. En los municipios de gran población para la defensa de los derechos de los vecinos ante la Administración municipal el Pleno creará:

a) Un órgano de gestión económico-financiera.
b) Una Comisión especial de Sugerencias y Reclamaciones.
c) Un órgano para la resolución de las reclamaciones económico-administrativas.
d) Un órgano de gestión tributaria.

13. En los municipios de gran población el dictamen sobre los proyectos de ordenanzas fiscales corresponderá a:

a) Un órgano de gestión económico-financiera.
b) Una Comisión especial de Sugerencias y Reclamaciones.
c) Un órgano para la resolución de las reclamaciones económico-administrativas.
d) Un órgano de gestión tributaria.

14. Según nuestra Constitución, los Concejales no son elegidos por sufragio:

a) Universal.
b) Igual.
c) Paritario.
d) Libre.

15. La organización municipal complementaria que establezca una Comunidad Autónoma con carácter general, respecto a los Municipios de la misma:

a) Se aplica preferentemente a la establecida con tal carácter por el Estado.
b) Se aplica preferentemente a la establecida por el Reglamento Orgánico de cada Municipio.
c) Se aplica después de la del Estado y la del Reglamento Orgánico.
d) Las respuestas a) y b) son ciertas.

16. La elección de un Alcalde, tras unas elecciones locales, se efectúa:

a) Directamente en las elecciones locales.
b) En sesión extraordinaria al efecto.
c) En la sesión constitutiva de la Corporación.
d) Por los vecinos exclusivamente.

17. La destitución del Presidente de una Corporación Local se efectúa a través de la:

a) Renuncia.
b) Cuestión de confianza.
c) Moción de censura.
d) Las respuestas b) y c) son ciertas.

18. ¿Se puede presentar más de una moción de censura contra el mismo Presidente de una Entidad Local?

a) Sí, cuando prospere una de ellas.
b) Solo en distintos períodos de sesiones.
c) Depende del Reglamento Orgánico de la Entidad.
d) Nada de lo expuesto es cierto.

19. En una moción de censura contra un Presidente de una Entidad Local, puede ser candidato:

a) Los cabezas de lista.
b) Los portavoces de los Grupos Políticos.
c) Cualquier Concejal cuya aceptación expresa conste en el escrito de proposición de la moción.
d) Ninguno de los anteriores.

20. En el caso de que la cuestión de confianza planteada por un Alcalde no obtuviera el número necesario de votos favorables para la aprobación del acuerdo:

a) Quedan cesados todos sus miembros.
b) El Alcalde cesará automáticamente, quedando en funciones hasta la toma de posesión de quien hubiere de sucederle en el cargo.
c) Se nombra como tal al primer Teniente de Alcalde.
d) Se hace una nueva sesión constitutiva, tras la celebración de elecciones.

21. La convocatoria de consultas populares debe autorizarla el/la:

a) Gobierno de la Nación.
b) Presidente de la Corporación.
c) Comunidad Autónoma.
d) Ninguno de ellos.

22. La denominada competencia residual, en virtud de la cual se le atribuyen aquellas competencias que no estén expresamente asignadas a otro órgano, la tiene en un Ayuntamiento el/la/las:

a) Pleno.
b) Comisiones Informativas.

c) Presidente.
d) Junta de Gobierno Local.

23. Las cuestiones que se susciten entre Municipios sobre deslinde de sus términos municipales serán resueltas por:

a) La correspondiente Comunidad Autónoma.
b) El Gobierno de España.
c) Las Diputaciones Provinciales.
d) El Consejo de Estado.

24. El voto de calidad del Presidente de una Corporación Local:

a) Inclina la votación al sector en el que él haya votado, en caso de empate producido en la reunión de un órgano colegiado.
b) Da fe del resultado de la votación.
c) Significa que es muy importante quien emite el voto.
d) Provoca la irrecurribilidad del acuerdo adoptado.

25. La aprobación del proyecto de presupuesto en un Municipio de gran población es competencia del/de la:

a) Presidente.
b) Junta de Gobierno Local.
c) Pleno.
d) Comunidad Autónoma.

26. La delegación de competencias de un Alcalde:

a) Se efectúa por acuerdo de Pleno.
b) Se reviste formalmente en forma de Decreto de dicho Pleno.
c) Se puede dar en todo tipo de materias.
d) Nada de lo anterior es correcto.

27. Los nombramientos de funcionarios en los Ayuntamientos de Municipios de régimen común corresponden al/a la:

a) Pleno.
b) Junta de Gobierno Local.
c) Presidente.
d) Delegado de Personal.

28. La aprobación de las formas de gestión de los servicios públicos en los Ayuntamientos de Municipios de régimen común corresponde genuinamente al/a la:

a) Pleno.
b) Presidente.

c) Junta de Gobierno Local.
d) Comunidad Autónoma respectiva.

29. En un Municipio de 7.000 habitantes, ¿cuántos Concejales habrá de elegirse para su Ayuntamiento?

a) Siete.
b) Diez.
c) Trece.
d) Quince.

30. La representación del Ayuntamiento compete al/a la/a los:

a) Alcalde.
b) Pleno.
c) Junta de Gobierno Local.
d) Tenientes de Alcalde en su ámbito competencial respectivo.

31. La Relación de Puestos de un Ayuntamiento de un Municipio de gran población la aprueba el/la:

a) Junta de Personal.
b) Pleno.
c) Alcalde.
d) Junta de Gobierno Local.

32. Conceder gratificaciones al personal en Ayuntamientos de Municipios de régimen común es competencia del/de la:

a) Pleno.
b) Presidente.
c) Junta de Gobierno Local.
d) Junta de Personal.

33. El ejercicio normal de acciones judiciales compete en un Municipio de gran población al/a la/a los:

a) Presidente.
b) Pleno.
c) Junta de Gobierno Local.
d) Anteriores, en las materias de sus respectivas competencias.

34. Señala cuál de los siguientes puede ser una forma de organización descon-centrada del Municipio, para la administración de núcleos de población separados, sin personalidad jurídica:

a) Parroquia.
b) Pedanía.
c) Aldea.
d) Todos los anteriores pueden serlo.

35. La Junta de Gobierno Local de un Ayuntamiento de Municipio de régimen común tiene, además del Presidente, los siguientes miembros como máximo:

a) Diez.
b) Depende del número de habitantes.
c) Dos tercios del de la Corporación.
d) Un tercio de estos.

36. Los Concejales-Delegados se nombran por el/la:

a) Presidente.
b) Pleno.
c) Grupo Político.
d) Junta de Gobierno Local.

Solución al test n.º 2

1. a) El Alcalde, los Tenientes de Alcalde y el Pleno existen en todos los Ayuntamientos.

2. a) Existe en todos los municipios.

3. c) El Concejal que haya obtenido la mayoría absoluta de los votos de los concejales.

4. c) Señoría en los municipios que no sean capitales de provincia ni las ciudades de Madrid y Barcelona.

5. d) Todas las respuestas son verdaderas.

6. b) La aprobación del reglamento orgánico y de las ordenanzas.

7. a) La alteración de la calificación jurídica de los bienes de dominio público.

8. a) No superior al tercio del número legal de los mismos.

9. a) A los municipios que sean capitales autonómicas.

10. b) La aprobación del proyecto de presupuesto.

11. b) El titular de la asesoría jurídica.

12. b) Una Comisión especial de Sugerencias y Reclamaciones.

13. c) Un órgano para la resolución de las reclamaciones económico-administrativas.

14. c) Paritario.

15. b) Se aplica preferentemente a la establecida por el Reglamento Orgánico de cada Municipio.

16. c) En la sesión constitutiva de la Corporación.

17. d) Las respuestas b) y c) son ciertas.

18. d) Nada de lo expuesto es cierto.

19. c) Cualquier Concejal cuya aceptación expresa conste en el escrito de proposición de la moción.

20. b) El Alcalde cesará automáticamente, quedando en funciones hasta la toma de posesión de quien hubiere de sucederle en el cargo.

21. a) Gobierno de la Nación.

22. c) Presidente.

23. a) La correspondiente Comunidad Autónoma.

24. a) Inclina la votación al sector en el que él haya votado, en caso de empate producido en la reunión de un órgano colegiado.

25. b) Junta de Gobierno Local.

26. d) Nada de lo anterior es correcto.

27. c) Presidente.

28. a) Pleno.

29. c) Trece.

30. a) Alcalde.

31. d) Junta de Gobierno Local.

32. b) Presidente.

33. d) Anteriores, en las materias de sus respectivas competencias.

34. d) Todos los anteriores pueden serlo.

35. d) Un tercio de estos.

36. a) Presidente.

TEST N.º 3

Las personas ante la actividad de la Administración: derechos y obligaciones. El interesado: concepto, capacidad de obrar y representación. La identificación de los interesados y sus derechos en el procedimiento

1. Suele ser normal que la Administración Pública en las relaciones jurídico-administrativas:

a) Se sujete al Derecho Privado.
b) Actúe como sujeto de las mismas.
c) Despliegue una serie de potestades legalmente reconocidas.
d) Actúe representada por particulares.

2. Puede ser objeto de una relación jurídico-administrativa el/los/las:

a) Dominio público.
b) Potestades administrativas.
c) Deberes de los ciudadanos.
d) Nada de lo anterior.

3. Normalmente, la Administración Pública, en este tipo de relaciones:

a) Se limita a una posición de espectadora de las mismas.
b) Actúa como sujeto activo.
c) Se encuentra en el lado pasivo de las mismas.
d) Está en igualdad de circunstancias que el administrado.

4. Una característica esencial de las relaciones jurídico-administrativas es:

a) Su regulación por el Derecho Privado.
b) La situación de igualdad de la Administración Pública y el administrado.
c) Su sujeción al Derecho Administrativo.
d) Estar exenta de regulación jurídica de todo tipo.

5. La relación en la que la Administración Pública actúa como un particular y no como tal Administración Pública es de carácter:

a) Privado.
b) Jurídico-administrativa.
c) No jurídica.
d) Semipública.

6. El contenido de la relación jurídico-administrativa se descompone en:

a) Actos humanos y cosas.
b) Hechos no jurídicos.
c) Derechos y obligaciones.
d) Todo lo anterior.

7. La presentación de una denuncia y la comparecencia en el trámite de información pública:

a) No confieren la condición de interesado, en ningún caso.
b) No confieren u otorgan por sí solas, la condición de interesado en el procedimiento.
c) Confiere solo la condición de administrado, pero no la de interesado.
d) Confiere solo la condición de interesado, pero no la de administrado.

8. Es ejemplo de administrado cualificado un:

a) Ciudadano cualquiera.
b) Vendedor ambulante.
c) Concesionario de servicio público.
d) Las respuestas b) y c) son ciertas.

9. Un funcionario tiene la condición de:

a) Persona privada de interés social.
b) Autoridad.
c) Administrado simple.
d) Administrado cualificado.

10. La actuación de un particular realizando una prestación personal a la Administración:

a) Le convierte en administrado simple.
b) Comporta un trato de favor al mismo.
c) Le exime de pagar tasas judiciales.
d) Le cualifica respecto de la misma.

11. El que realice un uso común general del dominio público:

a) Requiere licencia.
b) Ha de estar habilitado a través de la correspondiente concesión demanial.
c) Tiene la condición de administrado cualificado.
d) Nada de lo expuesto es correcto.

12. El ciudadano que regenta un quiosco en la vía pública, sin hacer por tanto un uso común general de la misma, respecto a la Administración Pública es un administrado:

a) Simple.
b) Cualificado, al adquirir condición de funcionario.
c) Cualificado, al convertirse en un contratista.
d) Cualificado.

13. En Derecho Administrativo, a diferencia del Derecho Privado, se puede reconocer a los menores de edad:

a) Capacidad jurídica.
b) Capacidad de obrar.
c) Ambas capacidades.
d) Ninguna de ellas.

14. La edad mínima para entablar por sí solo relaciones con la Administración Pública es de:

a) Dieciocho años.
b) Depende de los casos.
c) Veintiún años la mujer casada.
d) Nada de lo anterior es cierto.

15. ¿Quién puede obtener copias de documentos contenidos en un procedimiento que se esté tramitando?

a) Solo los interesados en él.
b) Cualquier ciudadano.
c) Nadie.
d) Solo otro órgano administrativo.

16. Si un interesado de una Comunidad Autónoma con lengua oficial específica se dirige a un órgano de la Administración General del Estado sito en su Comunidad, ha de hacerlo en:

a) Castellano necesariamente.
b) Su lengua oficial exclusivamente.

c) Cualquiera de las dos anteriores, a su opción.

d) La que se le indique por la citada Administración.

17. Las alegaciones y aportación de documentos por parte de un interesado en un procedimiento pueden realizarse:

a) En cualquier momento.

b) Antes del trámite de audiencia.

c) Inmediatamente antes de la prueba.

d) Solo cuando sea requerido al efecto por la Administración Pública actuante.

18. Señala la respuesta incorrecta. Las Administraciones Públicas solo requerirán a los interesados el uso obligatorio de firma para:

a) Presentar declaraciones responsables o comunicaciones.

b) Adquirir derechos.

c) Interponer recursos.

d) Formular solicitudes.

19. La actuación por un funcionario que suponga discriminación de un interesado por razón de sexo, es considerada por el Texto Refundido de la Ley del Estatuto Básico del Empleado Público, como:

a) Falta leve.

b) Falta muy grave.

c) Falta grave.

d) No contempla este supuesto.

20. Si durante la instrucción de un procedimiento, se advierte la existencia de personas que sean titulares de derechos o intereses legítimos y directos cuya identificación resulte del expediente y que puedan resultar afectados por la resolución que se dicte:

a) Se comunicará a dichas personas la tramitación del procedimiento cuando así lo solicite el interesado que inició el procedimiento.

b) Se publicará por edictos.

c) Se comunicará a dichas personas la tramitación del procedimiento cuando este no haya tenido publicidad.

d) No se comunicará, salvo que se presenten en forma legal en el procedimiento.

21. Como regla general, una vez concluido un procedimiento administrativo:

a) La Administración Pública queda exenta de dictar resolución expresa.

b) El particular queda privado de la posibilidad de entablar recurso contencioso-administrativo.

c) Debe resolver expresamente la Administración Pública dicho procedimiento.
d) Nada de lo expuesto es cierto.

22. En las aceptaciones, la intervención del administrado se requiere:

a) Con carácter previo.
b) Para que el acto administrativo sea válido.
c) Para que el acto administrativo, además de eficaz, sea válido.
d) *A posteriori*.

23. La aceptación de un particular actúa, respecto del acto administrativo a que se refiera, como requisito de:

a) Eficacia.
b) Eficacia y validez.
c) Validez.
d) Procedimiento.

24. La toma de posesión de un funcionario es un ejemplo de:

a) Petición.
b) Intimación.
c) Opción.
d) Aceptación.

25. En relación con la demora en la tramitación de un expediente administrativo, a los particulares les es dable interponer:

a) Reclamaciones.
b) Opciones.
c) Recursos.
d) Declaraciones.

26. Para que una renuncia pueda dar lugar a la conclusión de un procedimiento debe:

a) Ser condicionada.
b) Declararse.
c) Aceptarse por la Administración Pública.
d) Darse en el iniciado de oficio.

27. La renuncia oral de un administrado a continuar un procedimiento:

a) Puede hacerse por cualquier medio que permita su constancia.
b) Está expresamente prohibida.

c) Debe ratificarse con documento público.
d) Puede ser condicionada.

28. Cuando se produzca una renuncia a continuar un procedimiento por parte de un interesado:

a) La Administración Pública deberá aceptarla.
b) Se continuará el mismo en cualquier caso.
c) Debe ratificarse por el resto de los interesados para que se acepte.
d) Nada de lo anterior es correcto.

29. Los medios o soportes en que se almacenen documentos sobre procedimientos administrativos, deberán contar con medidas de seguridad, de acuerdo con lo previsto en:

a) La Recomendación Europea de Seguridad Procedimental.
b) La Directiva de la Agencia Nacional de Seguridad.
c) El Fondo Europeo de Seguridad.
d) El Esquema Nacional de Seguridad.

30. ¿Cuál es la actual Norma que regula la Protección de Datos Personales y la garantía de los derechos digitales?

a) La Ley 2/2011, de 4 de marzo.
b) La Ley Orgánica 15/1999, de 15 de diciembre.
c) El Real Decreto-ley 5/2018, de 27 de julio.
d) La Ley Orgánica 3/2018, de 5 de diciembre.

31. Los interesados en un procedimiento que conozcan datos que permitan identificar a otros interesados que no hayan comparecido en él:

a) Tienen el deber de proporcionárselos a la Administración actuante.
b) Pueden proporcionárselos a la Administración actuante, cuando lo estimen conveniente.
c) No tienen por qué aportarlos al procedimiento.
d) Solo tienen obligación de aportarlos cuando les proporcione un beneficio.

Solución al test n.º 3

1. c) Despliegue una serie de potestades legalmente reconocidas.

2. a) Dominio público.

3. b) Actúa como sujeto activo.

4. c) Su sujeción al Derecho Administrativo.

5. a) Privado.

6. c) Derechos y obligaciones.

7. b) No confieren u otorgan por sí solas, la condición de interesado en el procedimiento.

8. d) Las respuestas b) y c) son ciertas.

9. d) Administrado cualificado.

10. d) Le cualifica respecto de la misma.

11. d) Nada de lo expuesto es correcto.

12. d) Cualificado.

13. b) Capacidad de obrar.

14. b) Depende de los casos.

15. a) Solo los interesados en él.

16. c) Cualquiera de las dos anteriores, a su opción.

17. b) Antes del trámite de audiencia.

18. b) Adquirir derechos.

19. b) Falta muy grave.

20. c) Se comunicará a dichas personas la tramitación del procedimiento cuando este no haya tenido publicidad.

21. c) Debe resolver expresamente la Administración Pública dicho procedimiento.

22. d) *A posteriori*.

23. a) Eficacia.

24. d) Aceptación.

25. a) Reclamaciones.

26. c) Aceptarse por la Administración Pública.

27. a) Puede hacerse por cualquier medio que permita su constancia.

28. d) Nada de lo anterior es correcto.

29. d) El Esquema Nacional de Seguridad.

30. d) La Ley Orgánica 3/2018, de 5 de diciembre.

31. a) Tienen el deber de proporcionárselos a la Administración actuante.

TEST N.º 4

La transparencia de la actividad pública. Publicidad activa. El derecho de acceso a la información pública. La protección de los datos de carácter personal

1. La cualidad que permite y facilita el acceso de los ciudadanos a la información pública en poder de la Administración dentro de los límites establecidos por la legislación vigente, se conoce como:

a) Accesibilidad.
b) Transparencia.
c) Objetividad.
d) Buen gobierno.

2. En el Capítulo I del Título I: "Transparencia de la actividad pública" de la Ley 19/2013, concretamente en el art. 3, se señala que serán objeto de aplicación de las disposiciones las entidades privadas:

a) En cuyo capital social la participación, directa o indirecta, sea superior al 50 por 100.
b) Que perciban durante el período de un año ayudas o subvenciones públicas en una cuantía superior a 100.000 euros o cuando al menos el 40 % del total de sus ingresos anuales tengan carácter de ayuda o subvención pública, siempre que alcancen como mínimo la cantidad de 5.000 euros.
c) Con personalidad jurídica propia, vinculadas a cualquiera de las Administraciones Públicas o dependientes de ellas.
d) Que tengan atribuidas funciones de regulación o supervisión de carácter externo sobre un determinado sector o actividad.

3. En el ámbito de la Administración General del Estado, ¿a quién corresponde la evaluación del cumplimiento de los planes y programas anuales y plurianuales que las administraciones públicas deben publicar?

a) Ministerio de Hacienda y Función Pública.
b) Tribunal de Cuentas.
c) Instituto Nacional para las Administraciones Públicas (INAP).
d) Inspecciones Generales de Servicios.

4. ¿Qué título de la Ley 19/2013 regula todo lo relativo a la "Transparencia de la actividad pública"?

a) Título I.
b) Título II.
c) Título III.
d) Título IV.

5. ¿Qué plazo máximo otorgó la Ley 19/2013, de 9 de diciembre, de transparencia, acceso a la información pública y buen gobierno a los órganos de las Comunidades Autónomas y de las Entidades Locales para adaptarse a las obligaciones contenidas en dicha ley?

a) 1 año.
b) 2 años.
c) 3 años.
d) 5 años.

6. El cumplimiento de las obligaciones derivadas de la Ley 19/2013, de 9 de diciembre, de transparencia, acceso a la información pública y buen gobierno, podrá realizarse utilizando los medios electrónicos puestos a su disposición por la Administración Pública de la que provenga la mayor parte de las ayudas o subvenciones públicas percibidas cuando se trate de entidades sin ánimo de lucro que persigan exclusivamente fines de interés social o cultural y cuyo presupuesto sea inferior a:

a) 50.000 euros.
b) 100.000 euros.
c) 200.000 euros.
d) 250.000 euros.

7. Según lo previsto en el artículo 18 de la Ley 19/2013, de 9 de diciembre, de transparencia, acceso a la información pública y buen gobierno, se inadmitirán a trámite, mediante resolución motivada, las solicitudes de acceso a la información:

a) Relativas a los intereses económicos y turísticos.
b) Relativas a la garantía de la confidencialidad o el secreto requerido en procesos de toma de decisión.
c) Relativas a información para cuya divulgación sea necesaria una acción previa de reelaboración.
d) Relativas a infraestructuras críticas.

8. El acceso a la información pública requiere:

a) Solicitud previa.
b) Acreditación de la condición de interesado.
c) Motivación expresa.
d) La utilización de medios telemáticos.

9. Cuando la información pública solicitada no contuviera datos especialmente protegidos, el órgano al que se dirija la solicitud concederá el acceso previa .... suficientemente razonada del interés público en la divulgación de la información y los derechos de los afectados cuyos datos aparezcan en la información solicitada, en particular su derecho fundamental a la protección de datos de carácter personal. Señala la palabra que falta:

a) Catalogación.
b) Acreditación.
c) Ponderación.
d) Identificación.

10. El incumplimiento reiterado de la obligación de resolver en plazo procedimientos de acceso a la información pública:

a) Tendrá la consideración de infracción grave.
b) Tendrá la consideración de infracción muy grave.
c) Tendrá la consideración de infracción leve.
d) No tendrá la consideración de infracción.

11. Frente a toda resolución expresa o presunta en materia de acceso podrá interponerse una reclamación ante el Consejo de Transparencia y Buen Gobierno, previo a su impugnación en vía contencioso-administrativa, con carácter:

a) Preceptivo.
b) Potestativo.
c) Colectivo.
d) Extraordinario.

12. Frente a toda resolución expresa o presunta en materia de acceso a la información pública podrá interponerse, con carácter potestativo y previo a su impugnación en vía contencioso-administrativa, una reclamación ante:

a) La Inspección de Servicios del Departamento correspondiente.
b) La Inspección de Servicios del Ministerio Hacienda y Función Pública.
c) El Consejo de Transparencia y Buen Gobierno.
d) El Instituto para la Evaluación de las Políticas Públicas.

13. Según el artículo 7 de la Ley 19/2013, de 9 de diciembre, de transparencia, acceso a la información pública y buen gobierno, relativo a la información de relevancia jurídica:

a) Las Administraciones Públicas, en el ámbito de sus competencias, publicarán los proyectos de Reglamento cuya iniciativa les corresponda.
b) Las Administraciones Públicas, en el ámbito de sus competencias, no publicarán los proyectos de Reglamento cuya iniciativa les corresponda.

c) Las Administraciones Públicas, en el ámbito de sus competencias, no podrán publicar los Anteproyectos de Ley hasta su aprobación.

d) Las Administraciones Públicas no podrán publicar los proyectos de Decretos Legislativos cuando se soliciten los dictámenes a los órganos consultivos.

14. La Ley 19/2013 destaca tres ejes fundamentales de toda acción política. Señala cuál de los siguientes no es correcto:

a) La transparencia.
b) El acceso a la información pública.
c) Las normas de buen gobierno.
d) Las incompatibilidades.

15. El título I de la Ley 19/2013 regula e incrementa la transparencia de la actividad de todos los sujetos que prestan servicios públicos o ejercen potestades administrativas mediante un conjunto de previsiones que se recogen en dos capítulos diferenciados y desde una doble perspectiva: el derecho de acceso a la información pública y:

a) Los conflictos de intereses.
b) La publicidad activa.
c) La austeridad.
d) Los principios de actuación.

16. El artículo 26 de la ley 19/2013 desglosa los principios de buen gobierno a los que someterán su actuación los miembros del Gobierno y los altos cargos. Entre los principios generales que señala figura:

a) No se implicarán en situaciones, actividades o intereses incompatibles con sus funciones y se abstendrán de intervenir en los asuntos en que concurra alguna causa que pueda afectar a su objetividad.

b) Guardarán la debida reserva respecto a los hechos o informaciones conocidos con motivo u ocasión del ejercicio de sus competencias.

c) Mantendrán una conducta digna y tratarán a los ciudadanos con esmerada corrección.

d) No aceptarán para sí regalos que superen los usos habituales, sociales o de cortesía, ni favores o servicios en condiciones ventajosas que puedan condicionar el desarrollo de sus funciones.

17. Según la Ley 19/2013, de 9 de diciembre, de Transparencia, Acceso a la Información Pública y Buen Gobierno, el derecho de acceso podrá ser limitado cuando acceder a la información suponga un perjuicio para:

a) La seguridad pública.
b) La igualdad de las partes en los procesos judiciales y la tutela judicial efectiva.
c) La política económica y monetaria.
d) Todo lo anterior.

18. La motivación de una solicitud de acceso a la información, según la Ley 19/2013:

a) Es requisito ineludible para que se facilite la información.
b) Será causa de rechazo de la solicitud.
c) Las dos respuestas anteriores son ciertas.
d) Se deja a la decisión del solicitante.

19. La transparencia de la actividad pública, respecto a la casa de su Majestad el Rey:

a) No se aplica.
b) Se aplica en todas sus actividades.
c) Se aplica en sus actividades sujetas al Derecho Administrativo.
d) Se aplica solo en sus actividades de índole política.

20. Para que se aplique la Ley 19/2013 a sociedades mercantiles, la participación en las mismas de entidades de Derecho Público debe ser superior al:

a) 10 por 100.
b) 20 por 100.
c) 50 por 100.
d) No se aplica en caso alguno dicha ley a este tipo de sociedades.

21. El RGPD señala, al determinar cuál es su objeto, que la libre circulación de los datos personales en la Unión:

a) Podrá ser restringida y prohibida por motivos relacionados con la protección de las personas físicas en lo que respecta al tratamiento de datos personales.
b) Podrá ser restringida, pero no prohibida, por motivos relacionados con la protección de las personas físicas en lo que respecta al tratamiento de datos personales.
c) No podrá ser restringida ni prohibida por motivos relacionados con la protección de las personas físicas en lo que respecta al tratamiento de datos personales.
d) No podrá ser restringida, pero sí prohibida, por motivos relacionados con la protección de las personas físicas en lo que respecta al tratamiento de datos personales.

22. ¿En virtud de qué principio previsto por el Reglamento General de Protección de Datos, los datos personales serán adecuados, pertinentes y limitados a lo necesario en relación con los fines para los que son tratados?

a) Principio de exactitud.
b) Principio de limitación de la finalidad.
c) Principio de responsabilidad proactiva.
d) Principio de minimización de datos.

23. En relación con el consentimiento, el Reglamento General de Protección de Datos dispone que:

a) El consentimiento puede deducirse del silencio o de la inacción de los ciudadanos.
b) Se permite el llamado consentimiento tácito.
c) No es admisible el consentimiento del interesado dado en el contexto de una declaración escrita que también se refiera a otros asuntos.
d) Quienes recopilen datos personales deben ser capaces de demostrar que el afectado les otorgó su consentimiento.

24. Según el artículo 5 del *Reglamento (UE) 2016/679, de 27 de abril, relativo a la protección de las personas físicas en lo que respecta al tratamiento de datos personales y a la libre circulación de estos datos*, los datos personales serán tratados, en relación con el interesado, de manera lícita, leal y:

a) Fiable.
b) Segura.
c) Confidencial.
d) Transparente.

25. Conforme al artículo 3 de la LO 3/2018, las personas vinculadas al fallecido por razones familiares o de hecho así como sus herederos:

a) No podrán dirigirse al responsable o encargado del tratamiento para solicitar el acceso a los datos personales de aquella, si no es por vía judicial.
b) Solo podrán dirigirse al encargado del tratamiento, siempre que sea con objeto de rectificar datos manifiestamente falsos.
c) Podrán dirigirse al responsable o encargado del tratamiento siempre que sea con objeto de solicitar la supresión de los datos personales de aquella sin posibilidad de acceder a ellos.
d) Podrán dirigirse al responsable o encargado del tratamiento al objeto de solicitar el acceso a los datos personales de aquella y, en su caso, su rectificación o supresión.

26. Según el artículo 3 de la LO 3/2018, los requisitos y condiciones para acreditar la validez y vigencia de los mandatos e instrucciones de las personas fallecidas respecto al acceso a los datos personales de estas por parte de las personas o instituciones que designaran expresamente, serán establecidos:

a) Por medio de una directiva europea.
b) Por ley estatal.
c) Por ley autonómica.
d) Por real decreto.

27. Conforme a los artículos 4.11 del RGPD y 6.1 de la LO 3/2018, se entiende por *consentimiento del afectado* **la aceptación, ya sea mediante una declaración o una clara acción afirmativa, del tratamiento de datos personales que le conciernen manifestada por voluntad libre, de forma específica, informada e/y:**

a) Detallada.
b) Unitaria.
c) Inequívoca.
d) Por escrito.

28. Conforme al principio de limitación de la finalidad, los datos personales serán recogidos con fines determinados, explícitos y:

a) Limitados.
b) Transparentes.
c) Compatibles.
d) Legítimos.

29. Según el artículo 8.1 de la LO 3/2018, el tratamiento de datos personales solo podrá considerarse fundado en el cumplimiento de una obligación legal exigible al responsable:

a) Cuando así lo prevea una norma de Derecho de la Unión Europea o una norma con rango de ley.
b) Cuando el tratamiento se considere una misión realizada en interés público.
c) Cuando se trate del ejercicio de poderes públicos conferidos al responsable.
d) Cuando el responsable sea un órgano u organismo público.

30. Conforme al artículo 9 de la LO 3/2018, de 5 de diciembre, de Protección de Datos Personales y garantía de los derechos digitales, ¿cuál de los siguientes tratamientos de categorías especiales de datos fundados en el Derecho español deberá estar amparado en una norma con rango de ley?

a) El interesado dio su consentimiento explícito para el tratamiento de dichos datos personales con uno o más de los fines especificados.
b) El tratamiento es necesario para el cumplimiento de obligaciones y el ejercicio de derechos específicos del responsable del tratamiento o del interesado en el ámbito del Derecho laboral y de la seguridad y protección social.
c) El tratamiento es necesario para proteger intereses vitales del interesado o de otra persona física, en el supuesto de que el interesado no esté capacitado, física o jurídicamente, para dar su consentimiento.
d) El tratamiento es necesario por razones de interés público en el ámbito de la salud pública, como la protección frente a amenazas transfronterizas graves para la salud, o para garantizar elevados niveles de calidad y de seguridad de la asistencia sanitaria y de los medicamentos o productos sanitarios.

31. Según el artículo 7.1 de la LO 3/2018, el tratamiento de los datos personales de un menor de edad únicamente podrá fundarse en su consentimiento cuando sea mayor de:

a) 12 años.
b) 13 años.
c) 14 años.
d) 16 años.

32. Según el artículo 12.4 de la LO 3/2018, la prueba del cumplimiento del deber de responder a la solicitud de ejercicio de sus derechos formulado por el afectado recaerá:

a) Sobre el responsable del tratamiento.
b) Sobre el encargado del tratamiento.
c) Bien sobre el responsable o bien sobre el encargado.
d) Sobre el representante legal del afectado.

33. En virtud del artículo 12 de la LO 3/2018 es cierto, en relación con los medios para que el afectado pueda ejercer sus derechos, que:

a) El encargado del tratamiento estará obligado a informar al afectado sobre los medios a su disposición para ejercer los derechos que le corresponden.
b) Los medios deberán ser consensuados con los afectados antes de poner en marcha el tratamiento.
c) Los medios deberán ser fácilmente accesibles para el afectado.
d) El ejercicio del derecho podrá ser denegado cuando el afectado opte por otro medio.

34. Conforme al artículo 85 de la LO 3/2018, los responsables de redes sociales y servicios equivalentes deben adoptar protocolos adecuados para posibilitar, ante los usuarios que difundan contenidos que atenten contra el derecho al honor, la intimidad personal y familiar en internet, el ejercicio del derecho de:

a) Olvido.
b) Portabilidad.
c) Rectificación.
d) Información.

35. En relación con el derecho de acceso, el responsable del tratamiento debe facilitar una copia de los datos personales objeto de tratamiento. Cuando el afectado elija un medio distinto al que se le ofrece que suponga un coste desproporcionado:

a) La solicitud será considerada excesiva y, por lo tanto, no tenida en consideración.
b) El afectado asumirá parte del exceso de costes que su elección comporte.
c) En este caso, solo será exigible al responsable del tratamiento la satisfacción del derecho de acceso sin dilaciones indebidas.
d) Será cumplimentada gratuitamente y sin dilaciones indebidas.

36. Conforme al artículo 81 de la LO 3/2018, se garantizará para toda la población un acceso universal a internet, asequible, de calidad y:

a) Gratuito.
b) Seguro.
c) Estable.
d) No discriminatorio.

37. En relación con el derecho de acceso, el artículo 13 de la LO 3/2018 dispone que:

a) Cuando el responsable trate una gran cantidad de datos relativos al afectado y este ejercite su derecho de acceso sin especificar si se refiere a todos o a una parte de los datos, el responsable deberá facilitar la totalidad de los datos.
b) El derecho de acceso se entenderá otorgado si el responsable del tratamiento facilitara al afectado un sistema de acceso remoto, directo y seguro a los datos personales que garantice, temporalmente, el acceso a su totalidad.
c) Se podrá considerar repetitivo el ejercicio del derecho de acceso en más de una ocasión durante el plazo de seis meses, a menos que exista causa legítima para ello.
d) Cuando el afectado elija un medio distinto al que se le ofrece deberá asumir los costes que su elección comporte.

38. Cuando dos o más responsables determinen conjuntamente los objetivos y los medios del tratamiento serán considerados:

a) Autoridades del tratamiento.
b) Responsables y encargados del tratamiento.
c) Copartícipes del tratamiento.
d) Corresponsables del tratamiento.

39. Cuando proceda a la rectificación o supresión del tratamiento, el responsable estará obligado a:

a) Bloquear los datos.
b) Transferir los datos.
c) Limitar los datos.
d) Destruir los datos.

40. ¿Puede recurrir el encargado del tratamiento a la incorporación de otro encargado?

a) No, solo puede haber un encargado por tratamiento.
b) Sí, previa autorización específica por escrito del responsable.
c) No, solo puede recurrir a otro encargado el responsable del tratamiento.
d) Sí, previa autorización por escrito, específica o general, del responsable.

Solución al test n.º 4

1. b) Transparencia.

2. b) Que perciban durante el período de un año ayudas o subvenciones públicas en una cuantía superior a 100.000 euros o cuando al menos el 40 % del total de sus ingresos anuales tengan carácter de ayuda o subvención pública, siempre que alcancen como mínimo la cantidad de 5.000 euros.

3. d) Inspecciones Generales de Servicios.

4. a) Título I.

5. b) 2 años.

6. a) 50.000 euros.

7. c) Relativas a información para cuya divulgación sea necesaria una acción previa de reelaboración.

8. a) Solicitud previa.

9. c) Ponderación.

10. a) Tendrá la consideración de infracción grave.

11. b) Potestativo.

12. c) El Consejo de Transparencia y Buen Gobierno.

13. a) Las Administraciones Públicas, en el ámbito de sus competencias, publicarán los proyectos de Reglamento cuya iniciativa les corresponda.

14. d) Las incompatibilidades.

15. b) La publicidad activa.

16. c) Mantendrán una conducta digna y tratarán a los ciudadanos con esmerada corrección.

17. d) Todo lo anterior.

18. d) Se deja a la decisión del solicitante.

19. c) Se aplica en sus actividades sujetas al Derecho Administrativo.

20. c) 50 por 100.

21. c) No podrá ser restringida ni prohibida por motivos relacionados con la protección de las personas físicas en lo que respecta al tratamiento de datos personales.

22. d) Principio de minimización de datos.

23. d) Quienes recopilen datos personales deben ser capaces de demostrar que el afectado les otorgó su consentimiento.

24. d) Transparente.

25. d) Podrán dirigirse al responsable o encargado del tratamiento al objeto de solicitar el acceso a los datos personales de aquella y, en su caso, su rectificación o supresión.

26. d) Por real decreto.

27. c) Inequívoca.

28. d) Legítimos.

29. a) Cuando así lo prevea una norma de Derecho de la Unión Europea o una norma con rango de ley.

30. d) El tratamiento es necesario por razones de interés público en el ámbito de la salud pública, como la protección frente a amenazas transfronterizas graves para la salud, o para garantizar elevados niveles de calidad y de seguridad de la asistencia sanitaria y de los medicamentos o productos sanitarios.

31. c) 14 años.

32. a) Sobre el responsable del tratamiento.

33. c) Los medios deberán ser fácilmente accesibles para el afectado.

34. c) Rectificación.

35. c) En este caso, solo será exigible al responsable del tratamiento la satisfacción del derecho de acceso sin dilaciones indebidas.

36. d) No discriminatorio.

37. c) Se podrá considerar repetitivo el ejercicio del derecho de acceso en más de una ocasión durante el plazo de seis meses, a menos que exista causa legítima para ello.

38. d) Corresponsables del tratamiento.

39. a) Bloquear los datos.

40. d) Sí, previa autorización por escrito, específica o general, del responsable.

TEST N.º 5

La eficacia de los actos administrativos: el principio de autotutela declarativa. La aprobación de los actos administrativos por otra Administración. La demora y retroactividad de la eficacia de los actos administrativos. La ejecutividad de los actos administrativos: el principio de autotutela ejecutiva. La ejecución forzosa de los actos administrativos: sus medios y principios de utilización. La coacción administrativa directa. La vía de hecho

1. Las resoluciones administrativas que vulneren lo establecido en una disposición reglamentaria:

a) Se aplican solo si el órgano lo justifica.
b) Se aplican en todo caso.
c) Son nulas.
d) Son anulables.

2. Por medio de la misma se presumen válidos todos los actos administrativos, que gozan de fuerza ejecutiva por lo que producen efectos desde que son dictados:

a) Autotutela declarativa.
b) Autotutela ejecutiva.
c) Ejecutoriedad.
d) Justicia.

3. En términos generales, los actos de las Administraciones Públicas sujetos al Derecho Administrativo se presumirán válidos y producirán efectos:

a) Desde la fecha en que se dicten.
b) Desde la fecha en que se publiquen.
c) Desde la fecha en que se notifiquen.
d) Desde la fecha en que los conozca el interesado.

4. Los actos administrativos:

a) Nunca tendrán eficacia retroactiva.
b) Siempre tendrán eficacia retroactiva.
c) Excepcionalmente, podrá otorgarse eficacia retroactiva a los actos cuando se dicten en sustitución de actos anulados, así como cuando produzcan efectos favorables al interesado, siempre que los supuestos de hecho necesarios existieran ya en la fecha a que se retrotraiga la eficacia del acto y esta no lesione derechos o intereses legítimos de otras personas.
d) Excepcionalmente, podrá otorgarse eficacia retroactiva cuando lo decida el órgano que lo dicta.

5. En los litigios entre Administraciones públicas:

a) Cabrá interponer recurso en vía administrativa
b) No cabrá interponer recurso en vía administrativa.
c) De forma excepcional, cabrá interponer recurso en vía administrativa.
d) No cabrá interponer recurso en vía judicial.

6. Antes de la interposición de un recurso contencioso administrativo, la Administración podrá requerir a la otra. El requerimiento deberá dirigirse al órgano competente mediante escrito razonado que concretará la disposición, acto, actuación o inactividad, y deberá producirse en el plazo de:

a) Un mes contado desde la publicación de la norma o desde que la Administración requirente hubiera conocido o podido conocer el acto, actuación o inactividad.
b) Dos meses contados desde la publicación de la norma o desde que la Administración requirente hubiera conocido o podido conocer el acto, actuación o inactividad.
c) Tres meses contados desde la publicación de la norma o desde que la Administración requirente hubiera conocido o podido conocer el acto, actuación o inactividad.
d) Cuatro meses contados desde la publicación de la norma o desde que la Administración requirente hubiera conocido o podido conocer el acto, actuación o inactividad.

7. La eficacia del acto:

a) No puede cesar.
b) Puede cesar temporalmente.
c) Puede cesar definitivamente.
d) Son correctas las respuestas b) y c).

8. Es causa de cese definitivo de la eficacia del acto:

a) El total cumplimiento del propio acto.
b) El transcurso del plazo en él mismo señalado, si estaba limitado en el tiempo.
c) El cumplimiento de la condición resolutoria a que pudiera estar sujeto.
d) Todas las respuestas anteriores son correctas.

9. La compulsión sobre las personas:

a) Deriva de la propia esencia del acto administrativo.
b) Deriva del principio de ejecutividad de los actos administrativos.
c) Deriva de la posibilidad en manos de la Administración Pública de ejecutar forzosamente algunos actos administrativos.
d) Es similar al lanzamiento administrativo.

10. ¿Cuál es el medio utilizado por la Administración para el cobro de las cantidades líquidas adeudadas a la misma que voluntariamente no han sido abonadas por los obligados a ello?

a) Apremio sobre el patrimonio.
b) Multa coercitiva.
c) Ejecución subsidiaria.
d) Compulsión sobre las personas.

11. La compulsión sobre las personas no procede en los actos que:

a) Comporten una obligación no personalísima de hacer.
b) Esta obligación sea personalísima de no hacer.
c) Esta obligación sea personalísima de soportar.
d) Se dé cualquiera de las circunstancias anteriores.

12. Entre los medios de ejecución forzosa no se encuentra el/la:

a) Desahucio administrativo.
b) Ejecución subsidiaria.
c) Multa coercitiva.
d) Compulsión sobre la persona.

13. Si fueran varios los medios de ejecución admisibles por las Administraciones Públicas se elegirá:

a) El menos gravoso para el administrado.
b) El más rápido en su ejecución.
c) El menos restrictivo de la libertad individual.
d) El que prefiera el administrado.

14. A la hora de efectuar la ejecución forzosa por parte de las Administraciones Públicas, si fuese necesario entrar en el domicilio del afectado o en los restantes lugares que requieran la autorización de su titular, las Administraciones Públicas deberán:

a) Obtener la oportuna autorización judicial o, en su defecto, el consentimiento del afectado.
b) Obtener el consentimiento del afectado o, en su defecto, la oportuna autorización judicial.

c) Obtener el consentimiento del afectado y la oportuna autorización judicial.

d) Siempre obtener el consentimiento del afectado o de su abogado.

15. Si en virtud de acto administrativo hubiera de satisfacerse cantidad líquida, se seguirá el procedimiento previsto en las normas reguladoras de:

a) La ejecución subsidiaria.

b) La multa coercitiva.

c) El procedimiento de apremio.

d) La compulsión sobre las personas.

16. A tenor del art. 104 de la Ley 39/2015, de 1 de octubre, los actos administrativos que impongan una obligación personalísima de no hacer o soportar podrán ser ejecutados por compulsión directa sobre las personas en los casos en que la ley expresamente lo autorice, y dentro siempre de:

a) El respeto debido a la dignidad de las personas y a los derechos reconocidos en la Constitución.

b) El respeto debido a la dignidad de las personas y a los principios de legalidad y proporcionalidad.

c) El respeto debido a la dignidad y libertad de las personas y a los principios de igualdad y proporcionalidad.

d) El respeto debido a la dignidad y libertad de las personas y al principio de eficacia y eficiencia.

Solución al test n.º 5

1. c) Son nulas.

2. a) Autotutela declarativa.

3. a) Desde la fecha en que se dicten.

4. c) Excepcionalmente, podrá otorgarse eficacia retroactiva a los actos cuando se dicten en sustitución de actos anulados, así como cuando produzcan efectos favorables al interesado, siempre que los supuestos de hecho necesarios existieran ya en la fecha a que se retrotraiga la eficacia del acto y esta no lesione derechos o intereses legítimos de otras personas.

5. b) No cabrá interponer recurso en vía administrativa.

6. b) Dos meses contados desde la publicación de la norma o desde que la Administración requirente hubiera conocido o podido conocer el acto, actuación o inactividad.

7. d) Son correctas las respuestas b) y c).

8. d) Todas las respuestas anteriores son correctas.

9. c) Deriva de la posibilidad en manos de la Administración Pública de ejecutar forzosamente algunos actos administrativos.

10. a) Apremio sobre el patrimonio.

11. a) Comporten una obligación no personalísima de hacer.

12. a) Desahucio administrativo.

13. c) El menos restrictivo de la libertad individual.

14. b) Obtener el consentimiento del afectado o, en su defecto, la oportuna autorización judicial.

15. c) El procedimiento de apremio.

16. a) El respeto debido a la dignidad de las personas y a los derechos reconocidos en la Constitución.

TEST N.º 6

La invalidez del acto administrativo. Supuestos de nulidad de pleno derecho y anulabilidad del acto administrativo. El principio de conservación del acto administrativo

1. La regla general cuando un acto infringe el ordenamiento jurídico es:

a) Su anulabilidad.
b) Su validez temporal.
c) Su nulidad relativa.
d) Las respuestas a) y c) son correctas.

2. Las resoluciones administrativas que vulneren lo establecido en una disposición reglamentaria son:

a) Nulas.
b) Válidas.
c) Anulables.
d) Temporalmente válidas.

3. Los efectos de una declaración de nulidad absoluta se producen desde:

a) Que se notifica el acto anulatorio.
b) El momento de la declaración de la nulidad.
c) La notificación o publicación del acto anulatorio, según los casos.
d) Que se dictó el acto anulado.

4. ¿Cuándo podrá la Administración Pública convalidar un acto administrativo?

a) Cuando el vicio consiste en incompetencia jerárquica.
b) Cuando el vicio consiste en incompetencia funcional.
c) Cuando el vicio consiste en incompetencia territorial.
d) En ninguno de los anteriores casos.

5. Los supuestos de nulidad absoluta de actos administrativos:

a) Son la regla general en nuestro Derecho.
b) Son los recogidos en el artículo 47 de la Ley 39/2015, de 1 de octubre, del Procedimiento Administrativo Común de las Administraciones Públicas, exclusivamente.
c) Pueden establecerse expresamente por una disposición con rango de ley.
d) Son solo los del artículo 47 citado y de otras leyes formales.

6. Los defectos formales en un acto, según reconoce expresamente la ley:

a) Lo vician con nulidad absoluta.
b) Lo vician con anulabilidad en todo caso.
c) Pueden dar lugar a la nulidad absoluta si producen indefensión.
d) Pueden dar lugar a la anulabilidad si producen indefensión.

7. La Administración Pública podrá convalidar un acto:

a) Si el vicio consiste en incompetencia jerárquica.
b) Si el vicio consiste en incompetencia funcional.
c) Si el vicio consiste en incompetencia territorial.
d) En ninguno de los anteriores casos.

8. La Administración Pública no podrá convalidar un acto si el vicio consiste en:

a) Incompetencia jerárquica.
b) La falta de una autorización.
c) Incompetencia funcional.
d) La omisión de un informe facultativo.

9. Cuando el acto administrativo presenta un vicio que no le hace incurrir en nulidad absoluta ni en anulabilidad, se considera:

a) Irregular.
b) Defectuoso.
c) Inválido.
d) Viciado.

10. La nulidad o anulabilidad en parte del acto administrativo:

a) Implicará la de las partes del mismo independientes de aquella.
b) Implicará la de las partes del mismo independientes de aquella, salvo cuando la administración proceda a la convalidación del acto.
c) No implicará necesariamente la de las partes del mismo independientes de aquella.
d) No implicará la de los sucesivos en el procedimiento que sean independientes del primero.

Solución al test n.º 6

1. d) Las respuestas a) y c) son correctas.

2. a) Nulas.

3. d) Que se dictó el acto anulado.

4. a) Cuando el vicio consiste en incompetencia jerárquica.

5. c) Pueden establecerse expresamente por una disposición con rango de ley.

6. d) Pueden dar lugar a la anulabilidad si producen indefensión.

7. a) Si el vicio consiste en incompetencia jerárquica.

8. c) Incompetencia funcional.

9. a) Irregular.

10. c) No implicará necesariamente la de las partes del mismo independientes de aquella.

TEST N.º 7-8

El procedimiento administrativo. La iniciación del procedimiento: clases, subsanación y mejora de solicitudes. Presentación de solicitudes, escritos y comunicaciones. Los registros administrativos

La adopción de medidas provisionales. El tiempo en el procedimiento. Términos y plazos: cómputo, ampliación y tramitación de urgencia

1. El cauce formal de la serie de actos en que se concreta la actuación administrativa para la realización de un fin, se conoce como:

a) El procedimiento administrativo.
b) El trámite administrativo.
c) El proceso administrativo.
d) El cauce administrativo.

2. La siguiente actuación y procedimiento se regirá por su normativa específica:

a) Las actuaciones y procedimientos de aplicación de los tributos en materia tributaria y aduanera, así como su revisión en vía administrativa.
b) Las actuaciones y procedimientos de gestión, inspección, liquidación, recaudación, impugnación y revisión en materia de Seguridad Social y Desempleo.
c) Las actuaciones y procedimientos sancionadores en materia tributaria y aduanera, en el orden social, en materia de tráfico y seguridad vial y en materia de extranjería.
d) Todas las respuestas anteriores son correctas.

3. Se distingue entre procedimiento ordinario, de tramitación simplificada o de urgencia:

a) En función del lugar.
b) En función del interesado.
c) En función de ellos tiempos.
d) En función de la Administración pública.

4. El procedimiento de urgencia:

a) Siempre se inicia de oficio.
b) Siempre se inicia a instancia del interesado.
c) Puede acordarse de oficio o a petición del interesado.
d) No se puede aplicar a procedimientos administrativos.

5. Cuando razones de interés público lo aconsejen se aplica:

a) El procedimiento ordinario.
b) El procedimiento de tramitación simplificada.
c) El procedimiento de urgencia.
d) El procedimiento espacial.

6. Por la aplicación del procedimiento de urgencia se reducirán a la mitad los plazos establecidos para el procedimiento ordinario:

a) En todo caso.
b) De forma excepcional.
c) Salvo los relativos a la presentación de solicitudes y recursos.
d) Salvo los relativos a la presentación de recursos.

7. En el caso del procedimiento de urgencia:

a) Se reducirán a un cuarto los plazos establecidos para el procedimiento ordinario.
b) Se reducirán a la mitad los plazos establecidos para el procedimiento ordinario.
c) Se reducirán a dos tercios los plazos establecidos para el procedimiento ordinario.
d) Se reducirán a diez días los plazos establecidos para el procedimiento ordinario.

8. Se orientan a la elaboración de una decisión, cuyo distinto carácter da lugar, a su vez, a otras subespecies:

a) Procedimiento declarativo.
b) Procedimiento ejecutivo.
c) Procedimiento de simple gestión.
d) Procedimiento informativo.

9. Tienden a la realización material de una decisión anterior ya definitiva:

a) Procedimiento declarativo.
b) Procedimiento ejecutivo.
c) Procedimiento de simple gestión.
d) Procedimiento informativo.

10. El procedimiento de apremio es un:

a) Procedimiento declarativo.
b) Procedimiento ejecutivo.

c) Procedimiento de simple gestión.
d) Procedimiento informativo.

11. ¿Qué recurso cabe contra el acuerdo de acumulación?

a) Ninguno.
b) Recurso de alzada.
c) Recurso de reposición.
d) Recurso extraordinario de revisión.

12. ¿En qué supuesto excepcional se podrá imponer una sanción sin que se haya tramitado el oportuno procedimiento?

a) En casos de urgencia.
b) En aquellos supuestos donde no dé lugar a dudas la imposición de la sanción.
c) Únicamente en aquellos supuestos donde una norma con rango de ley así lo determine.
d) En ningún caso.

13. ¿Cuándo podrán los administrados conocer el estado de la tramitación de los procedimientos en los que tengan la condición de interesados?

a) Solo en la fase de instrucción.
b) Únicamente en la fase de alegaciones.
c) Tan solo en la fase de prueba.
d) En cualquier momento.

14. ¿Cuándo se iniciarán de oficio los procedimientos?

a) Por denuncia.
b) Por acuerdo del órgano competente.
c) Por propia iniciativa.
d) Todas las respuestas son correctas.

15. Los interesados solo podrán solicitar el inicio de un procedimiento de responsabilidad patrimonial, cuando no haya prescrito su derecho a reclamar. El derecho a reclamar prescribirá:

a) Al año de producido el hecho o el acto que motive la indemnización o se manifieste su efecto lesivo.
b) A los dos años de producido el hecho o el acto que motive la indemnización o se manifieste su efecto lesivo.
c) A los cinco años de producido el hecho o el acto que motive la indemnización o se manifieste su efecto lesivo.
d) Este derecho no prescribe.

16. En los casos previstos en el art. 56 de la LPACAP, no podrá adoptarse una de las siguientes medidas provisionales. Indica cuál de ellas:

a) Prestación de fianzas.
b) La retención de ingresos a cuenta que deban abonar las Administraciones Públicas.
c) El depósito, retención o inmovilización de cosa mueble.
d) Suspensión definitiva de actividades.

17. Los procedimientos administrativos, que no tengan naturaleza sancionadora, se podrán iniciar:

a) Por acuerdo del órgano competente o a petición razonada de otros órganos.
b) Por acuerdo del órgano competente, bien por propia iniciativa o como consecuencia de orden superior, a petición razonada de otros órganos o por denuncia.
c) Por denuncia solamente.
d) De oficio siempre.

18. Los documentos que los interesados dirijan a los órganos de las Administraciones Públicas podrán presentarse:

a) En las oficinas de Correos, en la forma que reglamentariamente se establezca.
b) En las representaciones diplomáticas u oficinas consulares de España en el extranjero.
c) En las oficinas de asistencia en materia de registros.
d) Todas las respuestas son correctas.

19. Señala la respuesta incorrecta respecto al inicio del procedimiento por denuncia:

a) Las denuncias deberán expresar la identidad de la persona o personas que las presentan y el relato de los hechos que se ponen en conocimiento de la Administración.
b) La presentación de una denuncia confiere, por sí sola, la condición de interesado en el procedimiento.
c) Cuando la denuncia invocara un perjuicio en el patrimonio de las Administraciones Públicas la no iniciación del procedimiento deberá ser motivada y se notificará a los denunciantes la decisión de si se ha iniciado o no el procedimiento.
d) Se entiende por denuncia el acto por el que cualquier persona, en cumplimiento o no de una obligación legal, pone en conocimiento de un órgano administrativo la existencia de un determinado hecho que pudiera justificar la iniciación de oficio de un procedimiento administrativo.

20. ¿Cuál de los siguientes datos no es necesario que figure en las solicitudes de iniciación del procedimiento por parte de los interesados?

a) Número de teléfono.
b) Hechos, razones y petición en que se concrete, con toda claridad, la solicitud.

c) Órgano, centro o unidad administrativa a la que se dirige y su correspondiente código de identificación.

d) Firma del solicitante o acreditación de la autenticidad de su voluntad expresada por cualquier medio.

21. Los documentos que los interesados dirijan a los órganos de las Administraciones Públicas podrán presentarse:

a) En las oficinas de Correos, en la forma que reglamentariamente se establezca.

b) En el registro electrónico de la Administración u Organismo al que se dirijan.

c) En las representaciones diplomáticas u oficinas consulares de España en el extranjero.

d) Todas las respuestas son correctas.

22. Señala la respuesta correcta respecto al cómputo de plazos:

a) Salvo que por ley o en el Derecho de la Unión Europea se disponga otro cómputo, cuando los plazos se señalen por horas, se entiende que estas son naturales.

b) Siempre que por ley o en el Derecho de la Unión Europea no se exprese otro cómputo, cuando los plazos se señalen por días, se entiende que estos son naturales, incluyéndose en el cómputo los sábados, los domingos y los declarados festivos.

c) Los plazos expresados en días se contarán desde el mismo día en que tenga lugar la notificación o publicación del acto de que se trate, o desde el siguiente a aquel en que se produzca la estimación o la desestimación por silencio administrativo.

d) Cuando un día fuese hábil en el municipio o Comunidad Autónoma en que residiese el interesado, e inhábil en la sede del órgano administrativo, o a la inversa, se considerará inhábil en todo caso.

23. Señala la respuesta incorrecta respecto al cómputo de los plazos:

a) Cuando los plazos se hayan señalado por días naturales por declararlo así una ley o por el Derecho de la Unión Europea, se hará constar esta circunstancia en las correspondientes notificaciones.

b) Cuando el último día del plazo sea inhábil, se entenderá prorrogado al primer día hábil siguiente.

c) Los plazos expresados por horas se contarán de hora en hora y de minuto en minuto desde la hora y minuto en que tenga lugar la notificación o publicación del acto de que se trate y no podrán tener una duración superior a veinticuatro horas, en cuyo caso se expresarán en días.

d) La declaración de un día como hábil o inhábil a efectos de cómputo de plazos determina por sí sola el funcionamiento de los centros de trabajo de las Administraciones Públicas, la organización del tiempo de trabajo así como el régimen de jornada y horarios de las mismas.

24. El registro electrónico permite la presentación de documentos:

a) De lunes a viernes de 8 a 15 horas.

b) De lunes a viernes de 8 a 21 horas.

c) Todos los días del año de 8 a 21 horas.
d) Todos los días del año durante las veinticuatro horas.

25. ¿En qué caso podrá ser objeto de ampliación un plazo ya vencido?

a) En los procedimientos tramitados por las misiones diplomáticas y oficinas consulares.
b) En aquellos que, sustanciándose en el interior, exijan cumplimentar algún trámite en el extranjero o en los que intervengan interesados residentes fuera de España.
c) Siempre que así lo considere oportuno, y lo fundamente, el Instructor del procedimiento.
d) En ningún caso.

26. Cuando razones de interés público lo aconsejen, se podrá acordar, de oficio o a petición del interesado, la aplicación al procedimiento de la tramitación de urgencia, por la cual se reducirán a la mitad los plazos establecidos para el procedimiento ordinario, salvo:

a) Los relativos a la presentación de solicitudes.
b) Los relativos a la presentación de recursos.
c) Las respuestas a) y b) son correctas.
d) Ninguna respuesta es correcta.

27. ¿Qué recurso cabe contra el acuerdo que declare la aplicación de la tramitación de urgencia al procedimiento?

a) Recurso de alzada.
b) Recurso extraordinario de revisión.
c) Recurso de reposición, en el plazo de un mes.
d) Ningún recurso.

Solución a los test n.º 7-8

1. a) El procedimiento administrativo.

2. d) Todas las respuestas anteriores son correctas.

3. c) En función de ellos tiempos.

4. c) Puede acordarse de oficio o a petición del interesado.

5. c) El procedimiento de urgencia.

6. c) Salvo los relativos a la presentación de solicitudes y recursos.

7. b) Se reducirán a la mitad los plazos establecidos para el procedimiento ordinario.

8. a) Procedimiento declarativo.

9. b) Procedimiento ejecutivo.

10. b) Procedimiento ejecutivo.

11. a) Ninguno.

12. d) En ningún caso.

13. d) En cualquier momento.

14. d) Todas las respuestas son correctas.

15. a) Al año de producido el hecho o el acto que motive la indemnización o se manifieste su efecto lesivo.

16. d) Suspensión definitiva de actividades.

17. b) Por acuerdo del órgano competente, bien por propia iniciativa o como consecuencia de orden superior, a petición razonada de otros órganos o por denuncia.

18. d) Todas las respuestas son correctas.

19. b) La presentación de una denuncia confiere, por sí sola, la condición de interesado en el procedimiento.

20. a) Número de teléfono.

21. d) Todas las respuestas son correctas.

22. d) Cuando un día fuese hábil en el municipio o Comunidad Autónoma en que residiese el interesado, e inhábil en la sede del órgano administrativo, o a la inversa, se considerará inhábil en todo caso.

23. d) La declaración de un día como hábil o inhábil a efectos de cómputo de plazos determina por sí sola el funcionamiento de los centros de trabajo de las Administraciones Públicas, la organización del tiempo de trabajo así como el régimen de jornada y horarios de las mismas.

24. d) Todos los días del año durante las veinticuatro horas.

25. d) En ningún caso.

26. c) Las respuestas a) y b) son correctas.

27. d) Ningún recurso.

TEST N.º 9

La instrucción del procedimiento. Fases del procedimiento administrativo. La intervención de los interesados en el procedimiento. La ordenación y tramitación del procedimiento. La tramitación simplificada del procedimiento administrativo común

1. Salvo en el caso de que en la norma correspondiente se fije plazo distinto, los trámites que deban ser cumplimentados por los interesados deberán realizarse:

a) En el plazo de un mes a partir del siguiente al de la notificación del correspondiente acto.

b) En el plazo de veinte días a partir del siguiente al de la notificación del correspondiente acto.

c) En el plazo de quince días a partir del siguiente al de la notificación del correspondiente acto.

d) En el plazo de diez días a partir del siguiente al de la notificación del correspondiente acto.

2. Señala la respuesta correcta respecto a la emisión de informes:

a) Salvo disposición expresa en contrario, los informes serán facultativos y vinculantes.

b) Los informes serán emitidos a través de medios electrónicos en el plazo de quince días, salvo que una disposición o el cumplimiento del resto de los plazos del procedimiento permita o exija otro plazo mayor o menor.

c) El informe emitido fuera de plazo podrá no ser tenido en cuenta al adoptar la correspondiente resolución.

d) Cuando se soliciten informes preceptivos a un órgano de la misma o distinta Administración, por el tiempo que medie entre la petición, que deberá comunicarse a los interesados, y la recepción del informe, que igualmente deberá ser comunicada a los mismos. Este plazo de suspensión no podrá exceder en ningún caso de un mes.

3. ¿De qué plazo disponen los interesados durante el trámite de audiencia para alegar y presentar los documentos y justificaciones que estimen pertinentes?

a) No inferior a quince ni superior a un mes.

b) No inferior a diez días ni superior a quince.

c) Quince días.

d) Siete días hábiles.

4. Señala la respuesta incorrecta respecto a la información pública:

a) La incomparecencia en este trámite podrá impedir a los interesados interponer los recursos procedentes contra la resolución definitiva del procedimiento.
b) El órgano al que corresponda la resolución del procedimiento, cuando la naturaleza de este lo requiera, podrá acordar un período de información pública.
c) La comparecencia en el trámite de información pública no otorga, por sí misma, la condición de interesado.
d) Quienes presenten alegaciones u observaciones en este trámite tienen derecho a obtener de la Administración una respuesta razonada, que podrá ser común para todas aquellas alegaciones que planteen cuestiones sustancialmente iguales.

5. ¿En virtud de qué principio se acordarán en un solo acto todos los trámites que, por su naturaleza, admitan un impulso simultáneo y no sea obligado su cumplimiento sucesivo?

a) Del principio de celeridad.
b) Del principio de agilidad administrativa.
c) Del principio de simplificación administrativa.
d) Del principio de eficiencia.

6. ¿De acuerdo con qué principio se acordarán en un solo acto todos los trámites que, por su naturaleza, admitan un impulso simultáneo y no sea obligado su cumplimiento sucesivo?

a) Con el principio de oficialidad.
b) Con el principio de eficacia.
c) Con el principio de simplificación administrativa.
d) Con el principio de eficacia.

7. Salvo en el caso de que en la norma correspondiente se fije plazo distinto, los trámites que deban ser cumplimentados por los interesados deberán realizarse en el plazo de:

a) Siete días a partir del siguiente al de la notificación del correspondiente acto.
b) Diez días a partir del siguiente al de la notificación del correspondiente acto.
c) Quince días a partir del siguiente al de la notificación del correspondiente acto.
d) Un mes a partir del siguiente al de la notificación del correspondiente acto.

8. En cualquier momento del procedimiento, cuando la Administración considere que alguno de los actos de los interesados no reúne los requisitos necesarios, lo pondrá en conocimiento de su autor, concediéndole un plazo para cumplimentarlo:

a) De cinco días.
b) De siete días.

c) De diez días.
d) De veinte días.

9. Cuando la Administración no tenga por ciertos los hechos alegados por los interesados o la naturaleza del procedimiento lo exija, el instructor del mismo acordará la apertura de un período de prueba, a fin de que puedan practicarse cuantas juzgue pertinentes, por un plazo:

a) No superior a treinta días ni inferior a diez.
b) No superior a treinta días ni inferior a quince.
c) No superior a veinte días ni inferior a diez.
d) No superior a veinte días ni inferior a cinco.

10. Salvo disposición expresa en contrario, los informes serán:

a) Vinculantes.
b) Vinculantes y facultativos.
c) Facultativos y no vinculantes.
d) Nunca facultativos.

11. En el caso de los procedimientos de responsabilidad patrimonial será preceptivo solicitar informe al servicio cuyo funcionamiento haya ocasionado la presunta lesión indemnizable, no pudiendo exceder el plazo de su emisión de:

a) Diez días.
b) Quince días.
c) Veinte días.
d) Un mes.

12. Con arreglo al artículo 74 LPACAP, las cuestiones incidentales que se susciten en el procedimiento, incluso las que se refieran a la nulidad de actuaciones:

a) Suspenderán la tramitación del procedimiento.
b) No suspenderán la tramitación del procedimiento, salvo la recusación.
c) No suspenderán la tramitación del procedimiento en ningún caso.
d) Siempre que lo estime oportuno el instructor del procedimiento, y así lo motive suficientemente, suspenderá la tramitación del procedimiento.

13. ¿Cuándo podrán los interesados aducir alegaciones y aportar documentos u otros elementos de juicio?

a) En cualquier momento.
b) En cualquier momento del procedimiento posterior al trámite de audiencia.

c) En cualquier momento del procedimiento anterior al trámite de audiencia.

d) Únicamente cuando lo autorice el instructor del procedimiento.

14. Señala la respuesta incorrecta respecto a los medios y período de prueba:

a) El instructor del procedimiento solo podrá rechazar las pruebas propuestas por los interesados cuando sean manifiestamente improcedentes o innecesarias, sin necesidad de resolución motivada.

b) En los procedimientos de carácter sancionador, los hechos declarados probados por resoluciones judiciales penales firmes vincularán a las Administraciones Públicas respecto de los procedimientos sancionadores que substancien.

c) Cuando la prueba consista en la emisión de un informe de un órgano administrativo, organismo público o Entidad de derecho público, se entenderá que este tiene carácter preceptivo.

d) Cuando la valoración de las pruebas practicadas pueda constituir el fundamento básico de la decisión que se adopte en el procedimiento, por ser pieza imprescindible para la correcta evaluación de los hechos, deberá incluirse en la propuesta de resolución.

15. Cuando lo considere necesario, el instructor, a petición de los interesados, podrá decidir la apertura de un período extraordinario de prueba por un plazo:

a) No superior a diez días.

b) No superior a quince días.

c) No superior a veinte días.

d) No superior a un mes.

16. Salvo que una disposición o el cumplimiento del resto de los plazos del procedimiento permita o exija otro plazo mayor o menor, los informes serán emitidos en el plazo de:

a) Diez días.

b) Quince días.

c) Veinte días.

d) Un mes.

17. ¿De qué plazo disponen los interesados para alegar y presentar los documentos y justificaciones que estimen pertinentes?

a) De un plazo no inferior a cinco días ni superior a diez.

b) De un plazo no inferior a diez días ni superior a quince.

c) De un plazo no inferior a diez días ni superior a veinte.

d) De un plazo no inferior a diez días ni superior a un mes.

18. El órgano al que corresponda la resolución del procedimiento, cuando la naturaleza de este lo requiera, podrá acordar un período de información pública. A tal efecto, se publicará un anuncio en el Diario oficial correspondiente a fin de que cualquier persona física o jurídica pueda examinar el expediente, o la parte del mismo que se acuerde. El anuncio determinará el plazo para formular alegaciones, que en ningún caso podrá ser inferior a:

a) Un mes.
b) Veinte días.
c) Diez días.
d) Una semana.

19. ¿Suspenderá la tramitación del procedimiento las cuestiones incidentales que se susciten en el mismo?

a) No.
b) Sí.
c) No, salvo las que se refieran a la nulidad de actuaciones.
d) No, incluso las relativas a la recusación no se suspenderán.

20. Salvo que reste menos para su tramitación ordinaria, los procedimientos administrativos tramitados de manera simplificada deberán ser resueltos en:

a) Treinta días.
b) Quince días.
c) Diez días.
d) Cuarenta días.

21. ¿Cuándo podrán las Administraciones Públicas acordar, de oficio o a solicitud del interesado, la tramitación simplificada del procedimiento?

a) Únicamente cuando razones de interés público así lo aconsejen.
b) Cuando razones de interés público o la falta de complejidad del procedimiento así lo aconsejen.
c) Cuando razones de interés público o particular así como la falta de complejidad del procedimiento así lo aconsejen.
d) La tramitación simplificada del procedimiento solo lo pueden acordar de oficio las Administraciones Públicas, nunca a instancia de parte.

22. ¿Puede el órgano competente para la tramitación simplificada del procedimiento administrativo común, acordar continuar con arreglo a la tramitación ordinaria?

a) No, una vez iniciada la tramitación simplificada del procedimiento no puede cambiarse.
b) Sí, en cualquier momento.

c) Sí, en cualquier momento del procedimiento anterior a su resolución.

d) Sí, en cualquier momento del procedimiento anterior al trámite de audiencia.

23. Señala la respuesta correcta respecto a la tramitación simplificada del procedimiento administrativo común:

a) Cuando la Administración acuerde de oficio la tramitación simplificada del procedimiento deberá notificarlo a los interesados. Si alguno de ellos manifestara su oposición expresa, la Administración deberá pronunciarse en el plazo de cinco días desde la manifestación.

b) Cuando la Administración acuerde de oficio la tramitación simplificada del procedimiento deberá notificarlo a los interesados. Si alguno de ellos manifestara su oposición expresa, la Administración deberá pronunciarse en el plazo de siete días hábiles desde la manifestación.

c) Cuando la Administración acuerde de oficio la tramitación simplificada del procedimiento deberá notificarlo a los interesados y contra tal acuerdo no cabe recurso alguno.

d) Cuando la Administración acuerde de oficio la tramitación simplificada del procedimiento deberá notificarlo a los interesados. Si alguno de ellos manifestara su oposición expresa, la Administración deberá seguir la tramitación ordinaria.

24. Los interesados podrán solicitar la tramitación simplificada del procedimiento. Si el órgano competente para la tramitación aprecia que no concurren razones para su apreciación, podrá desestimar dicha solicitud, en el plazo de:

a) Cinco días desde su presentación, sin que exista posibilidad de recurso por parte del interesado.

b) Siete días desde su presentación, sin que exista posibilidad de recurso por parte del interesado.

c) Cinco días desde su presentación, con posibilidad de plantear los recursos admisibles en derecho por parte del interesado.

d) Siete días desde su presentación, con posibilidad de plantear los recursos admisibles en derecho por parte del interesado.

25. Los interesados podrán solicitar la tramitación simplificada del procedimiento. Se entenderá desestimada la solicitud cuando hayan transcurrido desde su presentación:

a) Dos días.

b) Tres días.

c) Cuatro días.

d) Cinco días.

26. En el caso de procedimientos de naturaleza sancionadora, se podrá adoptar la tramitación simplificada del procedimiento cuando el órgano competente para iniciar el procedimiento considere que, de acuerdo con lo previsto en su normativa reguladora, y sin que quepa la oposición expresa por parte del interesado, existen elementos de juicio suficientes para calificar la infracción como:

a) Muy grave.

b) Grave.

c) Menos grave.
d) Leve.

27. Salvo que reste menos para su tramitación ordinaria, los procedimientos administrativos tramitados de manera simplificada deberán ser resueltos en:

a) Treinta días, a contar desde el siguiente al que se notifique al interesado el acuerdo de tramitación simplificada del procedimiento.
b) Treinta días, a contar desde el día en que se notifique al interesado el acuerdo de tramitación simplificada del procedimiento.
c) Veinte días, a contar desde el siguiente al que se notifique al interesado el acuerdo de tramitación simplificada del procedimiento.
d) Veinte días, a contar desde el día en que se notifique al interesado el acuerdo de tramitación simplificada del procedimiento.

28. Las Administraciones Públicas podrán acordar la tramitación simplificada del procedimiento:

a) De oficio, cuando razones de interés público así lo aconsejen.
b) De oficio, cuando la falta de complejidad del procedimiento así lo aconseje.
c) De oficio o a solicitud del interesado, cuando la falta de complejidad del procedimiento así lo aconsejen.
d) De oficio o a solicitud del interesado, cuando razones de interés público o la falta de complejidad del procedimiento así lo aconsejen.

29. Cuando la tramitación simplificada del procedimiento sea acordada por la Administración:

a) A solicitud de los interesados, deberá notificarlo a estos y aunque alguno de ellos manifestara su oposición expresa, la Administración seguirá con la tramitación simplificada.
b) A solicitud de los interesados, deberá notificarlo a estos, si alguno de ellos manifestara su oposición expresa, la Administración deberá seguir la tramitación ordinaria.
c) De oficio, deberá notificarlo a los interesados, si alguno de ellos manifestara su oposición expresa, la Administración deberá seguir la tramitación ordinaria.
d) De oficio, deberá notificarlo a los interesados, aunque si alguno de ellos manifestara su oposición expresa, la Administración seguirá con la tramitación simplificada.

30. Transcurrido el plazo que tiene el órgano competente para poder desestimar la solicitud de la tramitación simplificada del procedimiento:

a) Se producirá la caducidad de la solicitud.
b) Se entenderá desestimada la solicitud.
c) Se entenderá estimada la solicitud.
d) Se producirá la suspensión de la solicitud.

31. Señala la respuesta incorrecta. Los procedimientos administrativos tramitados de manera simplificada constarán de:

a) Resolución.

b) Informe del Consejo General del Poder Judicial, en todo caso.

c) Informe del servicio jurídico, cuando sea preceptivo.

d) Dictamen del Consejo de Estado u órgano consultivo equivalente de la Comunidad Autónoma en los casos en que sea preceptivo.

Solución al test n.º 9

1. d) En el plazo de diez días a partir del siguiente al de la notificación del correspondiente acto.

2. c) El informe emitido fuera de plazo podrá no ser tenido en cuenta al adoptar la correspondiente resolución.

3. b) No inferior a diez días ni superior a quince.

4. a) La incomparecencia en este trámite podrá impedir a los interesados interponer los recursos procedentes contra la resolución definitiva del procedimiento.

5. c) Del principio de simplificación administrativa.

6. c) Con el principio de simplificación administrativa.

7. b) Diez días a partir del siguiente al de la notificación del correspondiente acto.

8. c) De diez días.

9. a) No superior a treinta días ni inferior a diez.

10. c) Facultativos y no vinculantes.

11. a) Diez días.

12. b) No suspenderán la tramitación del procedimiento, salvo la recusación.

13. c) En cualquier momento del procedimiento anterior al trámite de audiencia.

14. a) El instructor del procedimiento solo podrá rechazar las pruebas propuestas por los interesados cuando sean manifiestamente improcedentes o innecesarias, sin necesidad de resolución motivada.

15. a) No superior a diez días.

16. a) Diez días.

17. b) De un plazo no inferior a diez días ni superior a quince.

18. b) Veinte días.

19. a) No.

20. a) Treinta días.

21. b) Cuando razones de interés público o la falta de complejidad del procedimiento así lo aconsejen.

22. c) Sí, en cualquier momento del procedimiento anterior a su resolución.

23. d) Cuando la Administración acuerde de oficio la tramitación simplificada del procedimiento deberá notificarlo a los interesados. Si alguno de ellos manifestara su oposición expresa, la Administración deberá seguir la tramitación ordinaria.

24. a) Cinco días desde su presentación, sin que exista posibilidad de recurso por parte del interesado.

25. d) Cinco días.

26. d) Leve.

27. a) Treinta días, a contar desde el siguiente al que se notifique al interesado el acuerdo de tramitación simplificada del procedimiento.

28. d) De oficio o a solicitud del interesado, cuando razones de interés público o la falta de complejidad del procedimiento así lo aconsejen.

29. c) De oficio, deberá notificarlo a los interesados, si alguno de ellos manifestara su oposición expresa, la Administración deberá seguir la tramitación ordinaria.

30. b) Se entenderá desestimada la solicitud.

31. b) Informe del Consejo General del Poder Judicial, en todo caso.

Terminación del procedimiento. La obligación de resolver. Contenido de la resolución expresa: principios de congruencia y de no agravación de la situación inicial. La terminación convencional del procedimiento

El incumplimiento de los plazos para resolver y sus efectos. La falta de resolución expresa: el régimen del silencio administrativo. El desistimiento y la renuncia. La caducidad del procedimiento administrativo

1. A tenor del art. 84 de la Ley 39/2015, de 1 de octubre, del Procedimiento Administrativo Común de las Administraciones Públicas, pondrán fin al procedimiento la resolución:

a) El desistimiento.
b) La renuncia al derecho en que se funde la solicitud.
c) La declaración de caducidad.
d) Todas las respuestas son correctas.

2. ¿Cuál es la forma especial de terminación del procedimiento administrativo?

a) La resolución.
b) La declaración de caducidad.
c) La terminación convencional.
d) El desistimiento.

3. El acuerdo de realización de actuaciones complementarias se notificará a los interesados, concediéndoseles un plazo para formular las alegaciones que tengan por pertinentes tras la finalización de las mismas, de:

a) Siete días.
b) Diez días.
c) Quince días.
d) Un mes.

4. En los procedimientos iniciados a solicitud del interesado, cuando se produzca su paralización por causa imputable al mismo, la Administración le advertirá de que se producirá la caducidad del procedimiento, transcurrido:

a) Quince días.
b) Veinte días.
c) Un mes.
d) Tres meses.

5. Señala la respuesta incorrecta respecto a la caducidad:

a) La caducidad no producirá por sí sola la prescripción de las acciones del particular o de la Administración, pero los procedimientos caducados interrumpirán el plazo de prescripción.
b) No podrá acordarse la caducidad por la simple inactividad del interesado en la cumplimentación de trámites, siempre que no sean indispensables para dictar resolución.
c) Podrá no ser aplicable la caducidad en el supuesto de que la cuestión suscitada afecte al interés general, o fuera conveniente sustanciarla para su definición y esclarecimiento.
d) En los casos en los que sea posible la iniciación de un nuevo procedimiento por no haberse producido la prescripción, podrán incorporarse a éste los actos y trámites cuyo contenido se hubiera mantenido igual de no haberse producido la caducidad.

6. Indica cuál de las siguientes no es una de las formas anormales de terminación del procedimiento administrativo:

a) La declaración de caducidad.
b) El desistimiento.
c) La renuncia al derecho en que se funde la solicitud.
d) La resolución.

7. Las actuaciones complementarias deberán practicarse en un plazo no superior a:

a) Diez días.
b) Quince días.
c) Veinte días.
d) Un mes.

8. Cuando la sanción tenga únicamente carácter pecuniario, el órgano competente para resolver el procedimiento aplicará reducciones sobre el importe de la sanción propuesta de, al menos:

a) El 10 %.
b) El 15 %.

c) El 20 %.
d) El 30 %.

9. ¿Cuál es la forma normal de terminación del procedimiento?

a) La terminación convencional.
b) El silencio administrativo.
c) La resolución.
d) La renuncia al derecho en que se funde la solicitud.

10. La terminación convencional es una forma de terminación del procedimiento:

a) Normal.
b) Anormal.
c) Especial.
d) Presunta.

11. Señala cuál de las siguientes es una forma de terminación anormal del procedimiento:

a) La renuncia al derecho en que se funde la solicitud.
b) La declaración de caducidad.
c) El desistimiento.
d) Todas las respuestas son correctas.

12. ¿En qué plazo deberán practicarse las actuaciones complementarias?

a) En un plazo no superior a siete días.
b) En un plazo no superior a diez días.
c) En un plazo no superior a quince días.
d) En un plazo no superior a un mes.

13. ¿Transcurrido qué plazo desde que se inició el procedimiento sin que haya recaído y se notifique resolución expresa o, en su caso, se haya formalizado el acuerdo, podrá entenderse que la resolución es contraria a la indemnización del particular?

a) Transcurrido un mes.
b) Transcurridos tres meses.
c) Transcurridos seis meses.
d) Transcurrido un año.

14. A tenor del artículo 92 LPACAP, en el ámbito de la Administración General del Estado, los procedimientos de responsabilidad patrimonial se resolverán por:

a) El Ministro respectivo.
b) El Presidente del Gobierno.

c) El Consejo de Ministros.
d) Las respuestas a) y c) son correctas.

15. Señala la respuesta incorrecta respecto al desistimiento y renuncia por los interesados:

a) Si el escrito de iniciación se hubiera formulado por dos o más interesados, el desistimiento o la renuncia afectará a todos los que la hubiesen formulado.
b) Todo interesado podrá desistir de su solicitud o, cuando ello no esté prohibido por el ordenamiento jurídico, renunciar a sus derechos.
c) Si la cuestión suscitada por la incoación del procedimiento entrañase interés general o fuera conveniente sustanciarla para su definición y esclarecimiento, la Administración podrá limitar los efectos del desistimiento o la renuncia al interesado y seguirá el procedimiento.
d) Tanto el desistimiento como la renuncia podrán hacerse por cualquier medio que permita su constancia, siempre que incorpore las firmas que correspondan de acuerdo con lo previsto en la normativa aplicable.

16. La Administración aceptará de plano el desistimiento o la renuncia, y declarará concluso el procedimiento salvo que, habiéndose personado en el mismo terceros interesados, instasen estos su continuación en el plazo de:

a) Un mes desde que fueron notificados del desistimiento o renuncia.
b) Veinte días desde que fueron notificados del desistimiento o renuncia.
c) Quince días desde que fueron notificados del desistimiento o renuncia.
d) Diez días desde que fueron notificados del desistimiento o renuncia.

17. En los procedimientos iniciados a solicitud del interesado, cuando se produzca su paralización por causa imputable al mismo, la Administración le advertirá que se producirá la caducidad del procedimiento, transcurrido:

a) Un mes.
b) Tres meses.
c) Seis meses.
d) Un año.

18. ¿Cuál de las siguientes es una forma presunta de finalizar el procedimiento administrativo?

a) La imposibilidad material de continuarlo por causas sobrevenidas.
b) El desistimiento.
c) El silencio administrativo.
d) Todas las respuestas son correctas.

19. El órgano instructor resolverá la finalización del procedimiento, con archivo de las actuaciones, sin que sea necesaria la formulación de la propuesta de resolución, cuando en la instrucción procedimiento se ponga de manifiesto que concurre la siguiente circunstancia:

a) Cuando los hechos no resulten acreditados.

b) Cuando no exista o no se haya podido identificar a la persona o personas responsables o bien aparezcan exentos de responsabilidad.

c) Cuando se concluyera, en cualquier momento, que ha prescrito la infracción.

d) Todas las respuestas son correctas.

Solución a los test n.º 10-11

1. d) Todas las respuestas son correctas.

2. c) La terminación convencional.

3. a) Siete días.

4. d) Tres meses.

5. a) La caducidad no producirá por sí sola la prescripción de las acciones del particular o de la Administración, pero los procedimientos caducados interrumpirán el plazo de prescripción.

6. d) La resolución.

7. b) Quince días.

8. c) El 20 %.

9. c) La resolución.

10. c) Especial.

11. d) Todas las respuestas son correctas.

12. c) En un plazo no superior a quince días.

13. c) Transcurridos seis meses.

14. d) Las respuestas a) y c) son correctas.

15. a) Si el escrito de iniciación se hubiera formulado por dos o más interesados, el desistimiento o la renuncia afectará a todos los que la hubiesen formulado.

16. d) Diez días desde que fueron notificados del desistimiento o renuncia.

17. b) Tres meses.

18. c) El silencio administrativo.

19. d) Todas las respuestas son correctas.

TEST N.º 12

Recursos administrativos: principios generales. Actos susceptibles de recurso administrativo. Reglas generales de tramitación de los recursos administrativos. Clases de recursos. Procedimientos sustitutivos de los recursos administrativos: conciliación, mediación y arbitraje

1. El recurso de alzada contra actos que no agotan la vía administrativa es:

a) Extraordinario.
b) La regla general.
c) Especial.
d) Inexistente.

2. La *reformatio in peius*, en materia de recursos:

a) Se admite como regla general.
b) Solo se permite en materia sancionadora.
c) Se admite cuando el recurso está claramente infundado.
d) Está expresamente prohibida.

3. Cuando hayan de tenerse en cuenta nuevos hechos o documentos no recogidos en el expediente originario, se pondrán de manifiesto a los interesados para que formulen las alegaciones que estimen procedentes, en un plazo:

a) No inferior a diez días ni superior a quince.
b) De veinte días.
c) No inferior a cinco días ni superior a veinte.
d) De treinta días.

4. La resolución de un recurso:

a) Debe circunscribirse a lo solicitado por el recurrente.
b) Resolverá cuantas cuestiones se deduzcan del expediente.
c) No es necesario que se motive.
d) Debe aceptar las razones en que se fundamente el propio recurso.

5. Si el acto fuera expreso, el plazo para la interposición del recurso de reposición será de:

a) Tres meses.
b) Diez días.
c) Quince días.
d) Un mes.

6. El recurso de alzada contra actos que no agotan la vía administrativa es:

a) Extraordinario.
b) La regla general.
c) Especial.
d) Inexistente.

7. El recurso de reposición contra actos que no agotan la vía administrativa es:

a) Ordinario.
b) Extraordinario.
c) Especial.
d) Inexistente.

8. La resolución presunta del recurso de alzada se dará, si no recae resolución, al/a los:

a) Quince días de interponerlo.
b) Mes de su interposición.
c) Tres meses desu interposición.
d) En cualquier momento a partir del día siguiente a aquel en que, de acuerdo con su normativa específica, se produzcan los efectos del silencio administrativo.

9. El silencio administrativo en el recurso de alzada puede ser positivo en el siguiente caso:

a) Cuando el recurso se presentó contra un acto presunto desestimatorio de la solicitud del ciudadano.
b) Cuando perjudique al ciudadano.
c) Siempre que beneficie al interés público.
d) En ningún supuesto es positivo.

10. Para plantear un recurso administrativo:

a) Hay que tener capacidad jurídica, sin requerirse la capacidad de obrar.
b) Basta con la capacidad de obrar.
c) Se requiere, siempre, ser titular de un derecho subjetivo afectado por el acto que se recurre.
d) Puede hacerlo quien ostente la condición de interesado.

11. Cuando una persona interpone un recurso de alzada denominándolo como recurso de revisión:

a) Deberá desestimarse el recurso por improcedente.
b) Deberá notificársele el error para que lo subsane.
c) No se admitirá el recurso.
d) Deberá resolverse, si del propio recurso se deduce su carácter.

12. Como consecuencia del principio de congruencia, al resolver un recurso, la Administración Pública:

a) Podrá agravar la situación inicial del recurrente.
b) Deberá ajustarse a las peticiones del recurrente.
c) Lo desestimará, manteniendo el acto administrativo.
d) Solo decidirá sobre las cuestiones planteadas por el recurrente sin entrar en otras que deriven del procedimiento.

13. Entre los límites de la revisión de los actos administrativos se encuentra:

a) La prescripción de la acción.
b) Su ilegalidad manifiesta.
c) Que atente a derechos subjetivos.
d) Que incurra en nulidad de pleno derecho.

14. El recurso de revisión es:

a) Unitario.
b) Ordinario.
c) Especial.
d) Extraordinario.

15. Contra los actos dictados por un Tribunal de Oposiciones:

a) No cabe recurso alguno.
b) Puede presentarse recurso de alzada ante su Presidente.
c) El recurso de alzada debe entablarse ante la autoridad que nombró al Presidente.
d) Solo es posible el recurso de revisión.

16. No es motivo bastante para interponer un recurso de revisión que:

a) Se haya incurrido en manifiesto error de hecho al dictar el acto.
b) Hubiere mediado cohecho en la resolución.
c) Se haya dictado por órgano manifiestamente incompetente.
d) Hayan influido documentos declarados falsos por sentencia judicial firme.

17. Para que pueda entablarse un recurso extraordinario de revisión por error de hecho, este:

a) Ha de ser declarado por sentencia judicial firme.
b) Ha de haberse adoptado por cohecho.
c) Ha de derivar de documentos habidos en el expediente.
d) Nada de lo anterior es cierto.

18. La revocación por la Administración Pública de un acto administrativo de gravamen o no declarativo de derechos:

a) Ha de efectuarse a instancia de los particulares.
b) Está prohibida.
c) Se podrá revocar mientras que no haya transcurrido el plazo de prescripción, siempre que no constituya dispensa o exención no permitida por las leyes, o sea contraria al principio de igualdad, al interés público o al ordenamiento jurídico.
d) Requiere previo dictamen del Consejo de Estado.

19. En la Administración Local (en concreto, en un Ayuntamiento), la declaración de lesividad de un acto se efectúa a través del/de la:

a) Presidente de la Corporación Local.
b) Junta de Gobierno Local.
c) Pleno.
d) Cualquiera de los anteriores.

20. Un acto anulable, ¿puede ser revisado de oficio por la Administración Pública, una vez transcurridos cuatro años desde que se dictó?

a) Sí, cuando así lo dictamine el Consejo de Estado.
b) No.
c) Sí, cuando incurra en nulidad de pleno derecho y así lo dictamine el Consejo de Estado.
d) Sí, cuando la ilegalidad sea manifiesta y así lo dictamine el Consejo de Estado.

Solución al test n.º 12

1. b) La regla general.

2. d) Está expresamente prohibida.

3. a) No inferior a diez días ni superior a quince.

4. b) Resolverá cuantas cuestiones se deduzcan del expediente.

5. d) Un mes.

6. b) La regla general.

7. d) Inexistente.

8. c) Tres meses de su interposición.

9. a) Cuando el recurso se presentó contra un acto presunto desestimatorio de la solicitud del ciudadano.

10. d) Puede hacerlo quien ostente la condición de interesado.

11. d) Deberá resolverse, si del propio recurso se deduce su carácter.

12. b) Deberá ajustarse a las peticiones del recurrente.

13. a) La prescripción de la acción.

14. d) Extraordinario.

15. c) El recurso de alzada debe presentarse ante la autoridad que nombró al Presidente.

16. c) Se haya dictado por órgano manifiestamente incompetente.

17. c) Ha de derivar de documentos habidos en el expediente.

18. c) Se podrá revocar mientras que no haya transcurrido el plazo de prescripción, siempre que no constituya dispensa o exención no permitida por las leyes, o sea contraria al principio de igualdad, al interés público o al ordenamiento jurídico.

19. c) Pleno.

20. b) No.

TEST N.º 13

La potestad sancionadora. Principios del ejercicio de la potestad sancionadora. Especialidades del procedimiento en materia sancionadora. Medidas sancionadoras administrativas

1. La regulación de los principios de la potestad sancionadora se lleva a cabo en:

a) La Ley de Procedimiento Administrativo Común de las Administraciones Públicas.
b) El Reglamento del procedimiento para el ejercicio de la potestad sancionadora.
c) La Ley de Régimen Jurídico del Sector Público.
d) La Ley de Régimen Jurídico de las Administraciones Públicas y del Procedimiento Administrativo Común.

2. Las disposiciones sancionadoras tendrán efectos retroactivos:

a) Excepto de las sanciones pendientes de cumplimiento al entrar en vigor la nueva disposición.
b) En ningún caso.
c) Siempre.
d) Cuando beneficien al infractor.

3. Las vulneraciones del ordenamiento jurídico constituirán infracción:

a) Cuando así lo establezca expresamente el reglamento sancionador de que se trate.
b) Cuando aparezcan previstas como tal en una Ley, únicamente.
c) Cuando sean susceptible de ser sancionadas.
d) Cuando vengan así determinadas en una norma analógicamente aplicable.

4. La comisión de una infracción administrativa determinará:

a) El pago de la sanción correspondiente.
b) La exigencia al infractor para que reponga la situación a su estado originario anterior y el pago de los daños y perjuicios causados.

c) O el pago de la sanción o la reparación de los daños, en aplicación del principio "no bis in ídem".

d) Tanto el pago de la sanción como la reparación de los daños a que hubiera lugar a consecuencia del hecho infractor.

5. Las sanciones administrativas:

a) Podrán consistir en el cumplimiento de la pena de arresto domiciliario, como la más grave manifestación de las mismas.

b) Deberán ser más gravosas para el infractor que el beneficio obtenido con su comisión.

c) Se impondrán tantas como infracciones sean las cometidas, aunque para cometer una se hayan tenidos que cometer otras.

d) Serán siempre pecuniarias.

6. Si la norma jurídica que establezca una sanción administrativa no fija un plazo específico, las leves prescribirán:

a) A los dos años.

b) A los seis meses.

c) Al año.

d) A los tres meses.

7. El silencio administrativo en los procedimientos sancionadores determinará:

a) La caducidad del mismo.

b) La firmeza de la sanción impuesta.

c) La iniciación del procedimiento de apremio para el cobro de la sanción.

d) La imposibilidad del infractor de interponer recurso contencioso administrativo.

8. Las propuestas de resolución en los procedimientos de carácter sancionador, así como los actos que resuelvan procedimientos de carácter sancionador o de responsabilidad patrimonial:

a) Presumirán la existencia de responsabilidad mientras no se demuestre lo contrario.

b) No exigen motivación cuando existan pruebas de la culpabilidad del infractor.

c) Deberán contar con una sucinta relación de hechos y fundamentos de derecho que motiven la resolución.

d) Sólo serán notificadas al interesado cuando este lo exija.

9. Para que sean aplicables reducciones sobre el importe de la sanción propuesta:

a) El infractor debe renunciar a interponer recurso contencioso administrativo.

b) Se exige que conste la renuncia a las acciones administrativas o judiciales que pudieran corresponder al infractor.

c) Debe condicionarse al desistimiento o renuncia de cualquier acción o recurso en vía administrativa.

d) Se deberá dictar resolución expresa de conformidad.

10. En los procedimientos de carácter sancionador, la propuesta de resolución:

a) Se dictará en todo caso.

b) No se dictará, salvo que el órgano encargado de resolver sea el mismo que hizo la instrucción.

c) Se dictará, pudiendo no hacerse cuando proceda el archivo de las actuaciones por inexistencia de infracción o por prescripción.

d) No se dictará en ningún caso.

Solución al test n.º 13

1. c) La Ley de Régimen Jurídico del Sector Público.

2. d) Cuando beneficien al infractor.

3. b) Cuando aparezcan previstas como tal en una Ley, únicamente.

4. d) Tanto el pago de la sanción como la reparación de los daños a que hubiera lugar a consecuencia del hecho infractor.

5. b) Deberán ser más gravosas para el infractor que el beneficio obtenido con su comisión.

6. c) Al año.

7. a) La caducidad del mismo.

8. c) Deberán contar con una sucinta relación de hechos y fundamentos de derecho que motiven la resolución.

9. c) Debe condicionarse al desistimiento o renuncia de cualquier acción o recurso en vía administrativa.

10. c) Se dictará, pudiendo no hacerse cuando proceda el archivo de las actuaciones por inexistencia de infracción o por prescripción.

TEST N.º 14

La responsabilidad de la Administración pública: caracteres. Los presupuestos de la responsabilidad. Daños resarcibles. La acción de responsabilidad. Especialidades del procedimiento administrativo en materia de responsabilidad. La responsabilidad patrimonial de las autoridades y personal al servicio de las Administraciones públicas

1. ¿Qué artículo de la Carta Magna dispone que «nadie podrá ser privado de sus bienes y derechos sino por causa justificada de utilidad pública o interés social, mediante la correspondiente indemnización y de conformidad con lo dispuesto por las Leyes»?

a) El artículo 19.3.
b) El artículo 30.1.
c) El artículo 33.3.
d) El artículo 47.1.

2. ¿A quién corresponde fijar el importe de las indemnizaciones que proceda abonar cuando el Tribunal Constitucional haya declarado, a instancia de parte interesada, la existencia de un funcionamiento anormal en la tramitación de los recursos de amparo o de las cuestiones de inconstitucionalidad?

a) Al Presidente del Gobierno.
b) Al Consejo de Estado.
c) Al Consejo de Ministros.
d) A la persona titular del Ministerio de Hacienda y Función Pública.

3. En el procedimiento para la exigencia de la responsabilidad patrimonial de las autoridades y personal al servicio de las Administraciones Públicas se establecerá un plazo para la práctica de las pruebas admitidas y cualesquiera otras que el órgano competente estime oportunas, de:

a) Siete días.
b) Diez días.
c) Quince días.
d) Veinte días.

4. Señala la respuesta incorrecta:

a) Solo serán indemnizables las lesiones producidas al particular provenientes de daños que este no tenga el deber jurídico de soportar de acuerdo con la Ley.

b) La exigencia de responsabilidad penal del personal al servicio de las Administraciones Públicas no suspenderá los procedimientos de reconocimiento de responsabilidad patrimonial que se instruyan, salvo que la determinación de los hechos en el orden jurisdiccional penal sea necesaria para la fijación de la responsabilidad patrimonial.

c) No son indemnizables los daños que se deriven de hechos o circunstancias que no se hubiesen podido prever o evitar según el estado de los conocimientos de la ciencia o de la técnica existentes en el momento de producción de aquellos, sin perjuicio de las prestaciones asistenciales o económicas que las leyes puedan establecer para estos casos.

d) El artículo 24.1 LPACAP señala que el silencio tendrá efecto estimatorio en los procedimientos de responsabilidad patrimonial de las Administraciones Públicas.

5. A tenor del artículo 67 LPACAP, los interesados solo podrán solicitar el inicio de un procedimiento de responsabilidad patrimonial, cuando no haya prescrito su derecho a reclamar. ¿Cuándo prescribirá el derecho a reclamar?

a) Al mes de producido el hecho o el acto que motive la indemnización o se manifieste su efecto lesivo.

b) A los tres meses de producido el hecho o el acto que motive la indemnización o se manifieste su efecto lesivo.

c) Al año de producido el hecho o el acto que motive la indemnización o se manifieste su efecto lesivo.

d) A los dos años de producido el hecho o el acto que motive la indemnización o se manifieste su efecto lesivo.

6. ¿Cuándo empezará a computarse el plazo de prescripción del derecho a reclamar en caso de daños de carácter físico o psíquico a las personas?

a) Desde la curación o la determinación del alcance de las secuelas.

b) Desde el día siguiente a la curación o la determinación del alcance de las secuelas.

c) Desde el día en que se produjeron los daños físicos o psíquicos.

d) Al mes de la curación o la determinación del alcance de las secuelas.

7. Según dispone expresamente el artículo 81 LPACAP (sobre los informes y dictámenes en los procedimientos de responsabilidad patrimonial), en el caso de los procedimientos de responsabilidad patrimonial será preceptivo solicitar informe al servicio cuyo funcionamiento haya ocasionado la presunta lesión indemnizable, no pudiendo exceder el plazo de su emisión de:

a) Un mes.

b) Veinte días.

c) Quince días.

d) Diez días.

8. Será preceptivo solicitar dictamen del Consejo de Estado o, en su caso, del órgano consultivo de la Comunidad Autónoma, cuando las indemnizaciones reclamadas sean de cuantía igual o superior a:

a) 12.000 euros o a la que se establezca en la correspondiente legislación autonómica.
b) 30.000 euros o a la que se establezca en la correspondiente legislación autonómica.
c) 35.000 euros o a la que se establezca en la correspondiente legislación autonómica.
d) 50.000 euros o a la que se establezca en la correspondiente legislación autonómica.

9. En el caso de reclamaciones en materia de responsabilidad patrimonial del Estado por el funcionamiento anormal de la Administración de Justicia, será preceptivo el informe de:

a) El Consejo de Ministros.
b) El Consejo General del Poder Judicial.
c) El Ministerio de Hacienda y Función Pública.
d) El Ministerio de Justicia.

10. Respecto a la pregunta anterior, ¿en qué plazo máximo habrá de ser emitido dicho informe por el órgano establecido al efecto?

a) Veinte días.
b) Un mes.
c) Dos meses.
d) Tres meses.

11. ¿Transcurrido cuánto tiempo desde que se inició el procedimiento sin que haya recaído y se notifique resolución expresa o, en su caso, se haya formalizado el acuerdo, podrá entenderse que la resolución es contraria a la indemnización del particular?

a) Transcurrido un mes.
b) Transcurridos dos meses.
c) Transcurridos tres meses.
d) Transcurridos seis meses.

12. Los particulares tendrán derecho a ser indemnizados por las Administraciones Públicas correspondientes, de toda lesión que sufran en cualquiera de sus bienes y derechos, siempre que la lesión sea consecuencia del funcionamiento normal o anormal de los servicios públicos salvo en los casos de fuerza mayor o de daños que el particular tenga el deber jurídico de soportar de acuerdo con la Ley. En todo caso, el daño alegado habrá de ser:

a) Individualizado con relación a una persona o grupo de personas.
b) Efectivo.
c) Evaluable económicamente.
d) Todas las respuestas son correctas.

13. ¿En qué artículo de la Carta Magna se consagra el principio de la responsabilidad de los poderes públicos?

a) En el art. 9.1.
b) En el art. 9.3.
c) En el art. 11.1.
d) En el art. 25.1.

14. El procedimiento para la exigencia de la responsabilidad se sustanciará conforme a lo dispuesto en la Ley de Procedimiento Administrativo Común de las Administraciones Públicas y se iniciará por acuerdo del órgano competente que se notificará a los interesados y que constará, con un plazo de alegaciones de:

a) Siete días.
b) Diez días.
c) Quince días.
d) Veinte días.

15. ¿Qué plazo hay establecido para la audiencia en el procedimiento para la exigencia de la responsabilidad patrimonial de las autoridades y personal al servicio de las Administraciones Públicas?

a) Siete días.
b) Diez días.
c) Quince días.
d) Veinte días.

16. Salvo que se establezca otra cosa en la misma, la sentencia que declare la inconstitucionalidad de la norma con rango de ley o declare el carácter de norma contraria al Derecho de la Unión Europea producirá efectos:

a) Desde el día siguiente a la fecha de la publicación de la sentencia en el «Boletín Oficial del Estado» o en el «Diario Oficial de la Unión Europea», según el caso.
b) Desde la fecha de la publicación de la sentencia en el «Boletín Oficial del Estado» o en el «Diario Oficial de la Unión Europea», según el caso.
c) Desde la fecha de su ratificación por el Consejo de Ministros.
d) Desde la fecha de su ratificación por la persona titular del Ministerio de Hacienda y Función Pública.

17. ¿En qué título del vigente Código Penal, aprobado por la Ley Orgánica 10/995, de 23 de noviembre, se recogen los tipos delictivos de prevaricación de los funcionarios públicos y el tráfico de influencias?

a) En el Título XIX.
b) En el Título XX.
c) En el Título XXI.
d) En el Título XV.

18. Señala cuál de los siguientes órganos son competentes para la resolución de los procedimientos de responsabilidad patrimonial:

a) En el ámbito autonómico y local, los procedimientos de responsabilidad patrimonial se resolverán por los órganos correspondientes de las Comunidades Autónomas o de las Entidades que integran la Administración Local.

b) En el caso de las Entidades de Derecho Público, las normas que determinen su régimen jurídico podrán establecer los órganos a quien corresponde la resolución de los procedimientos de responsabilidad patrimonial.

c) En el ámbito de la Administración General del Estado, los procedimientos de responsabilidad patrimonial se resolverán por el Ministro respectivo o por el Consejo de Ministros en los casos del artículo 32.3 de la Ley de Régimen Jurídico del Sector Público o cuando una ley así lo disponga.

d) Todas las respuestas son correctas.

19. La responsabilidad patrimonial del Estado por el funcionamiento de la Administración de Justicia se rige por:

a) La Ley 40/2015, de 1 de octubre, de Régimen Jurídico del Sector Público.

b) La Ley 9/2017, de 8 de noviembre, de Contratos del Sector Público.

c) La Ley 39/2015, de 1 de octubre, de Procedimiento Administrativo Común de las Administraciones Públicas.

d) La Ley Orgánica 6/1985, de 1 de julio, del Poder Judicial.

20. ¿Cuándo podrá la indemnización procedente sustituirse por una compensación en especie o ser abonada mediante pagos periódicos?

a) En ningún caso.

b) Siempre que resulte más adecuado para lograr la reparación debida con independencia del interesado.

c) Únicamente cuando convenga al interés público.

d) Cuando resulte más adecuado para lograr la reparación debida y convenga al interés público, siempre que exista acuerdo con el interesado.

21. El derecho a ser indemnizados por toda lesión que sufran en sus bienes y derechos como consecuencia del funcionamiento normal o anormal de los servicios públicos se reconoce a:

a) Los particulares.

b) Las personas jurídicas.

c) Los ciudadanos.

d) Las Administraciones.

22. ¿Cómo ha de ser el daño alegado en las reclamaciones de responsabilidad patrimonial?

a) Efectivo, evaluable económicamente e individualizado con relación con una persona o grupo de personas.

b) Directo y resarcible.

c) Susceptible de valoración y demostrable.

d) Debe producir consecuencias negativas en la actividad de la persona dañada.

23. No serán indemnizables los daños:

a) Que el particular no tenga el deber jurídico de soportar de acuerdo con la ley.

b) Producidos por fuerza mayor.

c) Producidos por circunstancias evitables.

d) Producidos por un hecho superable.

24. Si el daño que ha sufrido el particular se ha producido por dolo, culpa o negligencia grave de la autoridad o empleado público:

a) La Administración correspondiente, cuando hubiere indemnizado a los lesionados, les exigirá de oficio en vía administrativa la responsabilidad en que hubieran incurrido.

b) Una vez satisfecha la indemnización la Administración podrá exigir al empleado público su responsabilidad.

c) La Administración correspondiente le pedirá el dinero para después pagar al reclamante.

d) La Administración no exigirá al empleado público su responsabilidad.

25. La responsabilidad patrimonial de las administraciones públicas está actualmente regulada en:

a) El Real Decreto 589/2018, 7 de diciembre, por el que se desarrolla el reglamento de las administraciones públicas en materia de responsabilidad patrimonial.

b) La Ley 40/2015, de 1 de octubre, de Régimen Jurídico del Sector Público y en la Ley 39/2015, de 1 de octubre, del Procedimiento Administrativo Común de las Administraciones Públicas.

c) El Real Decreto 429/1993, de 26 de marzo, por el que se aprueba el Reglamento de los Procedimientos de las Administraciones Públicas en materia de responsabilidad patrimonial.

d) Ninguna respuesta es correcta.

26. Según el art. 36 de la Ley 40/2015, respecto a la responsabilidad de las autoridades y personal al servicio de las Administraciones Públicas, la resolución declaratoria de responsabilidad:

a) No pondrá fin a la vía administrativa.

b) Pondrá fin a la vía administrativa.

c) Pondrá fin a la vía contencioso-administrativa.

d) Pondrá fin o no a la vía administrativa dependiendo del órgano competente de su resolución.

27. Para hacer efectiva la responsabilidad patrimonial de las autoridades y personal al servicio de las Administraciones Públicas, conforme determina la Ley 40/2015, de 1 de octubre, de Régimen Jurídico del Sector Público:

a) Los particulares exigirán directamente a la Administración Pública correspondiente las indemnizaciones por los daños y perjuicios causados por las autoridades y personal a su servicio.

b) Los particulares la exigirán directamente a los Tribunales de Justicia al objeto de hacer valer su derecho.

c) Los particulares la exigirán directamente al funcionario o autoridad causante del daño o perjuicio.

d) Ninguna respuesta es correcta.

28. Señala la respuesta correcta, la exigencia de responsabilidad penal del personal al servicio de las Administraciones Públicas:

a) No suspenderá, en ninguna circunstancia, los procedimientos de reconocimiento de responsabilidad patrimonial que se instruyan.

b) Suspende los procedimientos de reconocimiento de responsabilidad patrimonial que se instruyan.

c) Solo suspenden los procedimientos de reconocimiento de responsabilidad patrimonial que se instruyan cuando la determinación de los hechos en el orden jurisdiccional penal sea necesaria para la fijación de la responsabilidad patrimonial.

d) Ninguna respuesta es correcta.

29. Los interesados solo podrán solicitar el inicio de un procedimiento de responsabilidad patrimonial, cuando no haya prescrito su derecho a reclamar. El derecho a reclamar prescribirá:

a) Al año de producido el hecho o el acto que motive la indemnización o se manifieste su efecto lesivo.

b) A los dos años de producido el hecho o el acto que motive la indemnización o se manifieste su efecto lesivo.

c) A los cinco años de producido el hecho o el acto que motive la indemnización o se manifieste su efecto lesivo.

d) Este derecho no prescribe.

30. En el caso de los procedimientos de responsabilidad patrimonial será preceptivo solicitar informe al servicio cuyo funcionamiento haya ocasionado la presunta lesión indemnizable, no pudiendo exceder el plazo de su emisión de:

a) Diez días.
b) Quince días.
c) Veinte días.
d) Un mes.

Solución al test n.º 14

1. c) El artículo 33.3.

2. c) Al Consejo de Ministros.

3. c) Quince días.

4. d) El artículo 24.1 LPACAP señala que el silencio tendrá efecto estimatorio en los procedimientos de responsabilidad patrimonial de las Administraciones Públicas.

5. c) Al año de producido el hecho o el acto que motive la indemnizaci **ón** o se manifieste su efecto lesivo.

6. a) Desde la curación o la determinación del alcance de las secuelas.

7. d) Diez días.

8. d) 50.000 euros o a la que se establezca en la correspondiente legislación autonómica.

9. b) El Consejo General del Poder Judicial.

10. c) Dos meses.

11. d) Transcurridos seis meses.

12. d) Todas las respuestas son correctas.

13. b) En el art. 9.3.

14. c) Quince días.

15. b) Diez días.

16. b) Desde la fecha de la publicación de la sentencia en el «Boletín Oficial del Estado» o en el «Diario Oficial de la Unión Europea», según el caso.

17. a) En el Título XIX.

18. d) Todas las respuestas son correctas.

19. d) La Ley Orgánica 6/1985, de 1 de julio, del Poder Judicial.

20. d) Cuando resulte más adecuado para lograr la reparación debida y convenga al interés público, siempre que exista acuerdo con el interesado.

21. a) Los particulares.

22. a) Efectivo, evaluable económicamente e individualizado con relación con una persona o grupo de personas.

23. b) Producidos por fuerza mayor.

24. a) La Administración correspondiente, cuando hubiere indemnizado a los lesionados, les exigirá de oficio en vía administrativa la responsabilidad en que hubieran incurrido.

25. b) La Ley 40/2015, de 1 de octubre, de Régimen Jurídico del Sector Público y en la Ley 39/2015, de 1 de octubre, del Procedimiento Administrativo Común de las Administraciones Públicas.

26. b) Pondrá fin a la vía administrativa.

27. a) Los particulares exigirán directamente a la Administración Pública correspondiente las indemnizaciones por los daños y perjuicios causados por las autoridades y personal a su servicio.

28. c) Solo suspenden los procedimientos de reconocimiento de responsabilidad patrimonial que se instruyan cuando la determinación de los hechos en el orden jurisdiccional penal sea necesaria para la fijación de la responsabilidad patrimonial.

29. a) Al año de producido el hecho o el acto que motive la indemnización o se manifieste su efecto lesivo.

30. a) Diez días.

TEST N.º 15

Ley 9/2017, de 8 de noviembre, de Contratos del Sector Público: Objeto y ámbito de aplicación. Negocios y contratos excluidos. Tipos de contratos del sector público. Contratos sujetos a regulación armonizada. Contratos administrativos y contratos privados

1. La contratación administrativa en el sector público viene regulada por:

a) La Ley 9/2017, de 8 de noviembre.
b) La Ley 6/2017, de 24 de octubre.
c) La Ley 3/2017, de 27 de junio.
d) La Ley 4/2017, de 25 de septiembre.

2. Los contratos que tienen por objeto la adquisición, el arrendamiento financiero, o el arrendamiento, con o sin opción de compra, de productos o bienes muebles, son:

a) Contratos de servicios.
b) Contratos de suministro.
c) Contratos de obras.
d) Contratos de gestión de servicios públicos.

3. No se consideran contratos de suministros:

a) Aquellos en los que el empresario se obligue a entregar una pluralidad de bienes de forma sucesiva y por precio unitario sin que la cuantía total se defina con exactitud al tiempo de celebrar el contrato, por estar subordinadas las entregas a las necesidades del adquirente.
b) Los que tengan por objeto la adquisición y el arrendamiento de equipos y sistemas de telecomunicaciones o para el tratamiento de la información, sus dispositivos y programas, y la cesión del derecho de uso de estos últimos.
c) Los de adquisición de programas de ordenador desarrollados a medida.
d) Los de fabricación, por los que la cosa o cosas que hayan de ser entregadas por el empresario deban ser elaboradas con arreglo a características peculiares fijadas previamente por la entidad contratante, aun cuando esta se obligue a aportar, total o parcialmente, los materiales precisos.

4. Están sujetos a regulación armonizada los contratos de obras y los contratos de concesión de obras públicas cuyo valor estimado sea igual o superior a:

a) 5.538.000 euros.
b) 6.581.000 euros.
c) 8.615.000 euros.
d) 1.861.000 euros.

5. Conforme al artículo 1.3 de la Ley 9/2017, siempre que guarde relación con el objeto del contrato, en toda contratación pública se incorporarán de manera transversal y preceptiva criterios sociales y:

a) Divulgativos.
b) Comunitarios.
c) Medioambientales.
d) Judiciales.

6. Conforme al artículo 3.4 de la Ley 9/2017, los partidos políticos, cuando cumplan los requisitos para ser poder adjudicador y respecto de los contratos sujetos a regulación armonizada, deberán actuar conforme a los principios de publicidad, concurrencia, transparencia, igualdad y:

a) No discriminación.
b) Eficacia.
c) Sometimiento a las leyes.
d) Legitimidad.

7. Se incluyen en el ámbito de aplicación de la Ley 9/2017:

a) Las relaciones jurídicas consistentes en la prestación de un servicio público cuya utilización por los usuarios requiera el abono de una tarifa, tasa o precio público de aplicación general.
b) Las encomiendas de gestión reguladas en la legislación vigente en materia de régimen jurídico del sector público.
c) Los contratos relativos a servicios de arbitraje y conciliación.
d) Los contratos subvencionados por entidades que tengan la consideración de poderes adjudicadores que celebren otras personas físicas o jurídicas en los supuestos previstos en el artículo 23 relativo a los contratos subvencionados sujetos a una regulación armonizada.

8. En un contrato de concesión de obras, cuando no esté garantizado que, en condiciones normales de funcionamiento, el concesionario vaya a recuperar las inversiones realizadas ni a cubrir los costes en que hubiera incurrido como consecuencia de la explotación de las obras que sean objeto de la concesión, se considerará que el mismo asume un riesgo:

a) Operacional.
b) Virtual.

c) General.
d) Provisional.

9. Los contratos que tengan por objeto la adquisición de energía primaria o energía transformada se consideran:

a) Contratos de concesión de servicios.
b) Contratos de suministros.
c) Contratos privados.
d) Contratos de servicios.

10. Deberá elaborarse un proyecto y tramitarse como la Ley 9/2017 dispone para los contratos de obras, el contrato mixto en que un elemento del contrato sea una obra y esta supere:

a) Los 50.000 euros.
b) Los 100.000 euros.
c) Los 5.000 euros.
d) Los 10.000 euros.

11. Los contratos celebrados por entidades del sector público que siendo poder adjudicador no reúnan la condición de Administraciones Públicas, tienen la consideración de:

a) Contratos administrativos.
b) Contratos privados.
c) Contratos administrativos especiales.
d) Contratos mixtos.

12. Para la Directiva 2014/23/UE, de 26 de febrero de 2014, relativa a la adjudicación de contratos de concesión, el criterio delimitador del contrato de concesión de servicios respecto del contrato de servicios es:

a) La cuantificación del coste.
b) Quién asume el riesgo operacional.
c) La exigencia o no de la clasificación del empresario.
d) La publicación en boletín oficial.

13. Según el art. 13.3 de la Ley 9/2017, de 8 de noviembre, de Contratos del Sector Público, los contratos de obras se referirán:

a) A una obra completa.
b) A una superficie acotada.
c) A un área concreta.
d) A un plan urbanístico determinado.

14. Según el artículo 3.2 de la LCSP, tienen la consideración de Administración Pública:

a) Las autoridades administrativas independientes.
b) Las fundaciones públicas.
c) Las Mutuas colaboradoras con la Seguridad Social.
d) Las Entidades Públicas Empresariales.

15. Los partidos políticos, así como las organizaciones sindicales y las organizaciones empresariales y asociaciones profesionales, además de las fundaciones y asociaciones vinculadas a cualquiera de ellos, cuando cumplan los requisitos para ser poder adjudicador y respecto de los contratos sujetos a regulación armonizada deberán actuar conforme a los principios de publicidad, concurrencia, transparencia, igualdad y no discriminación sin perjuicio del respeto a la autonomía de la voluntad y, cuando sea procedente, de:

a) La confidencialidad.
b) El interés general.
c) La libertad de asociación.
d) La autorregulación.

16. En los casos en que un elemento del contrato mixto sea una obra, deberá elaborarse un proyecto y tramitarse como para los contratos de obras, a partir de que la obra supere:

a) Los 20.000 euros.
b) Los 50.000 euros.
c) Los 100.000 euros.
d) Los 250.000 euros.

17. La duración de los contratos de arrendamiento de bienes muebles no podrá exceder, incluyendo las posibles prórrogas, de:

a) 3 años.
b) 4 años.
c) 5 años.
d) 7 años.

18. Se consideran contratos menores los contratos de suministro o de servicios de valor estimado inferior a:

a) 15.000 euros.
b) 20.000 euros.
c) 30.000 euros.
d) 40.000 euros.

Solución al test n.º 15

1. a) La Ley 9/2017, de 8 de noviembre.

2. b) Contratos de suministro.

3. c) Los de adquisición de programas de ordenador desarrollados a medida.

4. a) 5.538.000 euros.

5. c) Medioambientales.

6. a) No discriminación.

7. d) Los contratos subvencionados por entidades que tengan la consideración de poderes adjudicadores que celebren otras personas físicas o jurídicas en los supuestos previstos en el artículo 23 relativo a los contratos subvencionados sujetos a una regulación armonizada.

8. a) Operacional.

9. b) Contratos de suministros.

10. a) Los 50.000 euros.

11. b) Contratos privados.

12. b) Quién asume el riesgo operacional.

13. a) A una obra completa.

14. a) Las autoridades administrativas independientes.

15. a) La confidencialidad.

16. b) Los 50.000 euros.

17. c) 5 años.

18. a) 15.000 euros.

TEST N.º 16

Actividad subvencional de las Administraciones públicas: tipos de subvenciones. Procedimientos de concesión y gestión de las subvenciones. Reintegro de subvenciones. Control financiero. Infracciones y sanciones administrativas en materia de subvenciones

1. Es un acto jurídico de disposición de fondos públicos a título gratuito:

a) La concesión.
b) La subvención.
c) La conversión.
d) La contratación pública.

2. Indique cuál de los siguientes supuestos no tiene carácter de subvención:

a) Las prestaciones contributivas y no contributivas del Sistema de la Seguridad Social.
b) Las pensiones asistenciales por ancianidad a favor de los españoles no residen- tes en España, en los términos establecidos en su normativa reguladora.
c) Las prestaciones a favor de los afectados por el síndrome tóxico y las ayudas sociales a las personas con hemofilia u otras coagulopatías congénitas que hayan desarrollado la hepatitis C reguladas en la Ley 14/2002, de 5 de junio.
d) Todas las respuestas anteriores son correctas.

3. Aquellas ayudas institucionales de carácter permanente a favor de otras Administraciones, Organismos, Entes o Empresas Públicas que, sin contrapartida directa por parte de los entes beneficiarios, se destinen a financiar actividades u operaciones no singularizadas se denominan:

a) La concesión.
b) La subvención.
c) La conversión.
d) La transferencia.

4. Indique la respuesta incorrecta:

a) Las transferencias se destinan a financiar operaciones o actividades no singulariza-das, por lo que no están afectadas a un fin concreto.

b) Las transferencias se destinan a financiar operaciones de organismos, entidades o empresas generalmente dependientes de la propia Administración transferente, o al menos se trata de un ente público, por lo que no existe un desplazamiento patrimonial real, ya que tan solo conlleva un desplazamiento en la gestión de los fondos.

c) Las subvenciones no están sujetas a ningún régimen de justificación, a diferencia de las transferencias.

d) Las transferencias no son, en puridad, un gasto público, sino un simple movimiento de caja entre los organismos públicos, de la Tesorería General a la Tesorería del Organismo Autónomo.

5. Cuando no se haya establecido un plazo concreto, los gastos de la subvención deberán realizarse:

a) Antes del 1 de enero del año en curso.
b) Antes del 1 de agosto del año en curso.
c) Antes de que finalice el año natural en que se haya concedido la subvención.
d) Antes de que finalice el curso académico en que se haya concedido la subvención.

6. Nunca se subvencionan:

a) Los gatos financieros.
b) Los gastos de asesoría jurídica.
c) Los gastos de garantía bancaria.
d) Los intereses deudores de las cuentas bancarias.

7. Indique la respuesta correcta:

a) Los tributos son gasto subvencionable cuando el beneficiario de la subvención los abona efectivamente.

b) También son subvencionables los gastos de impuestos indirectos, en todo caso.

c) También son subvencionables los gastos de impuestos personales sobre la renta, en todo caso.

d) Los tributos nunca son subvencionables.

8. En las que el interesado se obliga a cumplir o realizar una actividad que es la que constituye la finalidad de la subvención, la misma se conoce como:

a) Subvención para un fin.
b) Subvención prepagable.
c) Subvención pospagable.
d) Son correctas las respuestas a) y b).

9. En las que se conceden como consecuencia de la realización por el beneficia-rio de los fines o condiciones de su otorgamiento, la misma se conoce como:

a) Subvención para un fin.
b) Subvención prepagable.
c) Subvención pospagable.
d) Son correctas las respuestas a) y c).

10. Las subvenciones que se abonen mediante transferencia de financiación y tengan como destino la financiación de las actividades u operaciones no singulari-zadas de las entidades beneficiarias se conocen como:

a) Subvenciones a título ejemplificativo.
b) Subvenciones destinadas a servicios de carácter general.
c) Subvenciones ligadas a seguridad ciudadana.
d) Subvenciones de explotación.

11. La Ley 38/2003 establece:

a) Un procedimiento de concesión de las subvenciones.
b) Dos procedimientos de concesión de las subvenciones.
c) Tres procedimientos de concesión de las subvenciones.
d) Cuatro procedimientos de concesión de las subvenciones.

12. Es un procedimiento de la Ley 38/2003 para la concesión de las subvenciones:

a) Procedimiento de concesión en régimen de concurrencia competitiva.
b) Procedimiento de concesión directamente.
c) Procedimiento de concesión indirecta.
d) Son correctas las respuestas a) y b).

13. El procedimiento ordinario de concesión de subvenciones se tramitará:

a) En vía de urgencia.
b) Por criterios de experiencia profesional.
c) En régimen de concurrencia competitiva.
d) Por criterios puramente económicos.

14. El procedimiento para la concesión de subvenciones:

a) Se inicia siempre de oficio mediante convocatoria aprobada por el órgano competen-te, que desarrollará el procedimiento para la concesión de las subvenciones convocadas.
b) Se inicia, a veces, a instancia del interesado.
c) Puede iniciarse de oficio o a instancia de parte.
d) Se suele iniciar de oficio mediante convocatoria aprobada por el órgano compe-tente, que puede desarrollar el procedimiento para la concesión de las subvenciones convocada.

15. Indique la respuesta correcta:

a) En todo caso, la convocatoria podrá fijar, además de la cuantía total máxima dentro de los créditos disponibles, una cuantía adicional cuya aplicación a la concesión de subvenciones no requerirá de una nueva convocatoria.

b) Habitualmente, la convocatoria podrá fijar, además de la cuantía total máxima dentro de los créditos disponibles, una cuantía adicional cuya aplicación a la concesión de subvenciones no requerirá de una nueva convocatoria.

c) Excepcionalmente, la convocatoria podrá fijar, además de la cuantía total máxima dentro de los créditos disponibles, una cuantía adicional cuya aplicación a la concesión de subvenciones no requerirá de una nueva convocatoria.

d) Nunca la convocatoria podrá fijar, además de la cuantía total máxima dentro de los créditos disponibles, una cuantía adicional cuya aplicación a la concesión de subvenciones no requerirá de una nueva convocatoria.

16. Al acto administrativo por el que se acuerda de forma simultánea la realización de varios procedimientos de selección sucesivos a lo largo de un ejercicio presupuestario, para una misma línea de subvención se le denomina:

a) Concesión.
b) Convocatoria abierta.
c) Convocatoria pública.
d) Convocatorio privada.

17. El plazo para la emisión de los informes necesario para resolver será de:

a) 3 días, salvo que el órgano instructor, atendiendo a las características del informe solicitado o del propio procedimiento, solicite su emisión en un plazo menor o mayor, sin que en este último caso pueda exceder de dos meses.

b) 10 días, salvo que el órgano instructor, atendiendo a las características del informe solicitado o del propio procedimiento, solicite su emisión en un plazo menor o mayor, sin que en este último caso pueda exceder de dos meses.

c) 15 días, salvo que el órgano instructor, atendiendo a las características del informe solicitado o del propio procedimiento, solicite su emisión en un plazo menor o mayor, sin que en este último caso pueda exceder de dos meses.

d) 1 mes, salvo que el órgano instructor, atendiendo a las características del informe solicitado o del propio procedimiento, solicite su emisión en un plazo menor o mayor, sin que en este último caso pueda exceder de dos meses.

18. El órgano instructor, a la vista del expediente y del informe del órgano colegiado, formulará la propuesta de resolución provisional, debidamente motivada, que deberá notificarse a los interesados en la forma que establezca la convocatoria, y se concederá un plazo de:

a) 2 días para presentar alegaciones
b) 5 días para presentar alegaciones.

c) 10 días para presentar alegaciones.
d) 15 días para presentar alegaciones.

19. El órgano competente resolverá el procedimiento de concesión en el plazo de:

a) 5 días desde la fecha de elevación de la propuesta de resolución.
b) 10 días desde la fecha de elevación de la propuesta de resolución.
c) 15 días desde la fecha de elevación de la propuesta de resolución.
d) 1 mes desde la fecha de elevación de la propuesta de resolución.

20. Procederá el reintegro de las cantidades percibidas y la exigencia del interés de demora correspondiente desde el momento del pago de la subvención hasta la fecha en que se acuerde la procedencia del reintegro, o la fecha en que el deudor ingrese el reintegro si es anterior a esta, en el caso de que:

a) La obtención de la subvención falseando las condiciones requeridas para ello u ocultando aquellas que lo hubieran impedido.
b) Exista incumplimiento total o parcial del objetivo, de la actividad, del proyecto o la no adopción del comportamiento que fundamentan la concesión de la subvención.
c) Exista incumplimiento de la obligación de justificación o la justificación insuficiente, y en su caso, en las normas reguladoras de la subvención.
d) Todas las respuestas anteriores son correctas.

Solución al test n.º 16

1. b) La subvención.

2. d) Todas las respuestas anteriores son correctas.

3. d) La transferencia.

4. c) Las subvenciones no están sujetas a ningún régimen de justificación, a diferencia de las transferencias.

5. c) Antes de que finalice el año natural en que se haya concedido la subvención.

6. d) Los intereses deudores de las cuentas bancarias.

7. a) Los tributos son gasto subvencionable cuando el beneficiario de la subvención los abona efectivamente.

8. d) Son correctas las respuestas a) y b).

9. c) Subvención pospagable.

10. d) Subvenciones de explotación.

11. b) Dos procedimientos de concesión de las subvenciones.

12. d) Son correctas las respuestas a) y b).

13. c) En régimen de concurrencia competitiva.

14. a) Se inicia siempre de oficio mediante convocatoria aprobada por el órgano competente, que desarrollará el procedimiento para la concesión de las subvenciones convocadas.

15. c) Excepcionalmente, la convocatoria podrá fijar, además de la cuantía total máxima dentro de los créditos disponibles, una cuantía adicional cuya aplicación a la concesión de subvenciones no requerirá de una nueva convocatoria.

16. b) Convocatoria abierta.

17. b) 10 días, salvo que el órgano instructor, atendiendo a las características del informe solicitado o del propio procedimiento, solicite su emisión en un plazo menor o mayor, sin que en este último caso pueda exceder de dos meses.

18. c) 10 días para presentar alegaciones.

19. c) 15 días desde la fecha de elevación de la propuesta de resolución.

20. d) Todas las respuestas anteriores son correctas.

TEST N.º 17

Los empleados públicos: clases y régimen jurídico. Los instrumentos de organización del personal: plantillas y relaciones de puestos de trabajo. Los instrumentos reguladores de los recursos humanos: la oferta de empleo, los planes de empleo y otros sistemas de racionalización

1. ¿A qué dos principios ha de atender la designación del personal directivo profesional de las Administraciones Públicas?

a) Publicidad y concurrencia.
b) Legalidad e igualdad.
c) Capacidad y mérito.
d) Idoneidad y transparencia.

2. Para el acceso a los cuerpos o escalas del Grupo B se exigirá estar en posesión del:

a) Título de Técnico Superior.
b) Título de Bachiller.
c) Título de Técnico.
d) Título universitario de Grado.

3. Indica una de las notas características de los funcionarios de carrera:

a) Desempeño de servicios de carácter permanente.
b) Nombramiento legal, hecho por Autoridad competente.
c) Los puestos de trabajo que desempeñan han de figurar en la Plantilla orgánica y en el Registro de Personal.
d) Todas las respuestas son correctas.

4. ¿Cómo se denomina al personal que, en virtud de nombramiento y con carácter no permanente, solo realiza funciones expresamente calificadas como de confianza o asesoramiento especial, siendo retribuido con cargo a los créditos presupuestarios consignados para este fin?

a) Personal Laboral.
b) Personal Eventual.
c) Funcionarios interinos.
d) Funcionarios de carrera.

5. Señala la respuesta incorrecta respecto al personal eventual:

a) Su nombramiento y cese serán libres.
b) La condición de personal eventual podrá constituir mérito para el acceso a la Función Pública.
c) Su cese tendrá lugar, en todo caso, cuando se produzca el de la autoridad a la que se preste la función de confianza o asesoramiento.
d) Le será aplicable, en lo que sea adecuado a la naturaleza de su condición, el régimen general de los funcionarios de carrera.

6. La selección de todo el personal, sea funcionario o laboral, debe realizarse de acuerdo con la Oferta de Empleo Público, mediante convocatoria pública y a través del sistema de Concurso, Oposición o Concurso-Oposición libres en los que garanticen, en todo caso, los principios constitucionales de:

a) Capacidad, mérito, objetividad y legalidad.
b) Publicidad, eficacia, eficiencia, mérito y capacidad.
c) Igualdad, mérito y capacidad, así como el de publicidad.
d) Legalidad, publicidad, transparencia, mérito y capacidad.

7. Para poder participar en los concursos de provisión de puestos de trabajo o ser nombrados con carácter provisional en otro puesto de trabajo, salvo en el ámbito de una misma Entidad Local, los funcionarios deberán permanecer en cada puesto de trabajo, obtenido por concurso, un mínimo de:

a) Cinco años.
b) Tres años.
c) Dos años.
d) Un año.

8. ¿A qué Subescala pertenecen los funcionarios que realicen tareas administrativas, normalmente de trámite y colaboración?

a) A la Subescala Técnica de Administración General.
b) A la Subescala de Gestión de Administración General.

c) A la Subescala Administrativa de Administración General.
d) A la Subescala Auxiliar de Administración General.

9. ¿A qué Subescala pertenecen los funcionarios que realicen tareas de mecanografía y taquigrafía?

a) A la Subescala Técnica de Administración General.
b) A la Subescala de Gestión de Administración General.
c) A la Subescala Administrativa de Administración General.
d) A la Subescala Auxiliar de Administración General.

10. A tenor del art. 169.2 TR/86, ¿qué titulación se precisa para ingresar en la Subescala Administrativa?

a) Licenciado en Derecho, en Ciencias Políticas, Económicas o Empresariales, Intendente Mercantil o Actuario.
b) Bachiller, Formación Profesional de Segundo Grado, o equivalente.
c) Graduado Escolar, Formación Profesional de Primer Grado o equivalente.
d) Certificado de Escolaridad.

11. Salvo que el Ministerio de Política Territorial autorice su creación en los de censo inferior, la Policía Local solo existirá en los Municipios con población superior a:

a) 1.500 habitantes.
b) 3.000 habitantes.
c) 4.000 habitantes.
d) 5.000 habitantes.

12. Los empleos de Inspector y Subinspector de Policía Local solo podrán crearse en los Municipios de más de:

a) 25.000 habitantes.
b) 50.000 habitantes.
c) 75.000 habitantes.
d) 100.000 habitantes.

13. Los miembros de los Cuerpos de Policía Local, en el ejercicio de sus funciones, tendrán a todos los efectos legales el carácter de:

a) Agentes de la Autoridad.
b) Autoridad.
c) Delegados de la Autoridad.
d) Auxiliares de la Autoridad.

14. Señala la respuesta incorrecta respecto al régimen jurídico del personal laboral:

a) La Jurisdicción competente en esta materia es la Contencioso-Administrativa.

b) Dentro de este personal, por razón de la fijeza de su vinculación a la Entidad de que se trate, se distingue entre los contratados indefinidamente y los contratados temporalmente.

c) La selección de este personal se hará por concurso, concurso-oposición u oposición libre.

d) La contratación de este personal corresponde al Alcalde o al Presidente de la Diputación Provincial, a quien compete, también, la asignación del mismo a los distintos puestos de trabajo de carácter laboral previstos en las Relaciones de Puestos de Trabajo aprobadas por la Corporación, de acuerdo con la legislación laboral.

15. Los Ayuntamientos de Municipios con población superior a 50.000 y no superior a 75.000 habitantes podrán incluir en sus plantillas puestos de trabajo de personal eventual por un número que no podrá exceder de:

a) Uno.

b) Dos.

c) Siete.

d) La mitad de concejales de la Corporación local.

16. ¿Con qué frecuencia publicarán las Corporaciones locales en su sede electrónica y en el Boletín Oficial de la Provincia o, en su caso, de la Comunidad Autónoma uniprovincial el número de los puestos de trabajo reservados a personal eventual?

a) Cada cinco años.

b) Cada dos años.

c) Anualmente.

d) Semestralmente.

17. ¿Cómo se denomina al personal que en virtud de contrato de trabajo formalizado por escrito, en cualquiera de las modalidades de contratación de personal previstas en la legislación laboral, presta servicios retribuidos por las Administraciones Públicas?

a) Interino.

b) De carrera.

c) Eventual.

d) Laboral.

18. No se rigen por el Derecho Administrativo el/los:

a) Funcionarios.

b) Personal Laboral.

c) Personal Eventual.

d) Interinos.

19. Los puestos de confianza o asesoramiento especial se suelen reservar al/a los:

a) Políticos.
b) Personal Eventual.
c) Personal Laboral.
d) Funcionarios.

20. Los interinos ocupan provisionalmente puestos que pueden ser desempeñados por:

a) Contratados temporales.
b) Personal eventual.
c) Funcionarios.
d) Personal Laboral.

21. La titulación exigible para ser funcionario del grupo B según el Real Decreto Legislativo 5/2015, de 30 de octubre, por el que se aprueba el texto refundido de la Ley del Estatuto Básico del Empleado Público, es:

a) Título de Bachiller o Técnico..
b) Título de Graduado en Educación Secundaria Obligatoria
c) Título de Técnico Superior.
d) Título de ESO.

22. Junto a los principios de igualdad, mérito y capacidad, en la selección de los funcionarios, se debe seguir el de:

a) Imparcialidad.
b) Publicidad.
c) Profesionalidad.
d) Concurrencia.

23. La Oferta de Empleo de un Municipio de gran población debe aprobarla el/la:

a) Pleno.
b) Junta de Personal.
c) Presidente.
d) Junta de Gobierno Local.

24. El sistema normal de selección de los laborales es el/la:

a) Oposición libre.
b) Concurso.
c) Concurso-oposición.
d) Todas las respuestas anteriores son correctas.

25. La titulación exigible para ser funcionario del grupo C1, según el Real Decreto Legislativo 5/2015, de 30 de octubre, por el que se aprueba el texto refundido de la Ley del Estatuto Básico del Empleado Público, es:

a) Título de Bachiller o Técnico.
b) Título de Graduado en Educación Secundaria Obligatoria
c) Título de Técnico Superior.
d) Título de ESO.

26. Siguiendo las nuevas titulaciones, se exigirá título de Graduado en Educación Secundaria Obligatoria para pertenecer al Subgrupo:

a) A1.
b) B2.
c) C1.
d) C2.

27. El Texto Refundido de la Ley del Estatuto Básico del Empleado Público se aprobó por:

a) Real Decreto Legislativo 12/2007, de 13 de marzo.
b) Real Decreto Legislativo 5/2012, de 13 de mayo.
c) Real Decreto Legislativo 5/2015, de 30 de octubre.
d) Real Decreto Legislativo 3/2015, de 14 de abril.

28. La constitución del Registro de Personal:

a) Se efectúa a nivel estatal.
b) Es facultativa para las Corporaciones Locales.
c) Es obligatoria para las Corporaciones Locales.
d) Se supedita a la voluntad de la correspondiente Comunidad Autónoma.

29. No puede ser Técnico de Administración General un Licenciado en:

a) Sociología.
b) Ciencias Políticas.
c) Derecho.
d) Ciencias Empresariales.

30. Pertenece a la Subescala de Servicios Especiales un:

a) Ingeniero Industrial al servicio de una Corporación Local.
b) Técnico de Administración General.
c) Suboficial del Servicio de Extinción de Incendios.
d) Contratado laboralmente.

31. Dentro del Personal de Oficios el escalón inferior lo ocupan los:

a) Ayudantes.
b) Peones.
c) Operarios.
d) Oficiales.

32. El número de Personal Eventual que haya de existir en un Municipio de régimen común se fija por el/la:

a) Pleno.
b) Alcalde o Presidente.
c) Comunidad Autónoma respectiva.
d) Junta de Gobierno Local.

33. Respecto del Personal Eventual, ha de publicarse en el Boletín Oficial de la Provincia:

a) Las sanciones que se le impongan.
b) El nombramiento y cese.
c) La concesión de menciones honoríficas.
d) Ninguna de las respuestas anteriores es correcta.

34. Los titulares de la Secretaría-Intervención ejercerán sus funciones en las Secretarías de clase tercera, es decir, de Ayuntamientos de Municipios:

a) Con población inferior a 5.001 habitantes y cuyo Presupuesto no exceda de 3.010.060 euros.
b) Con población inferior a 3.001 habitantes y cuyo Presupuesto no exceda de 2.999.000 euros.
c) Con población inferior a 2.501 habitantes y cuyo Presupuesto no exceda de 1.500.060 euros.
d) Con población inferior a 1.001 habitantes y cuyo Presupuesto no exceda de 1.010.060 euros.

35. ¿Cuál es la norma vigente por la que se regula el régimen jurídico de los funcionarios de Administración Local con habilitación de carácter nacional?

a) La Ley 5/2008, de 29 de octubre.
b) El Real Decreto 1174/1987, de 18 de septiembre.
c) El Real Decreto 128/2018, de 16 de marzo.
d) La Ley 34/2016, de 3 de abril.

36. ¿En qué clase se encuadrarían las Secretarías de Ayuntamientos de municipios cuyas poblaciones están comprendidas entre 5.001 y 20.000 habitantes?

a) Clase primera.
b) Clase segunda.
c) Clase tercera.
d) Clase cuarta.

37. Como regla general, en las Entidades Locales cuya Secretaría esté clasificada en clase tercera, las funciones propias de la Intervención:

a) No se llevarán a cabo dichas funciones, que las desempeñará el Interventor de la Diputación Provincial respectivo.
b) Existirán dos puestos de trabajo denominados Intervención Municipal.
c) Existirá un puesto de trabajo denominado Intervención.
d) Formarán parte del contenido del puesto de trabajo de Secretaría.

38. Respecto al ingreso en las subescalas en que se estructura la habilitación de carácter nacional la gestión y ejecución de los procesos selectivos corresponde:

a) A la Administración local.
b) A la Dirección General de Función Pública.
c) A la comunidad autónoma.
d) Al Instituto Nacional de Administración Pública.

39. El acceso a la categoría superior en las subescalas de Secretaría e Intervención-Tesorería exigirá, en todo caso, tener una antigüedad de servicio activo en la categoría de entrada, de al menos:

a) 2 años.
b) 3 años.
c) 4 años.
d) No se exige antigüedad alguna.

40. El acceso a la categoría superior en las subescalas de Secretaría e Intervención-Tesorería se llevará a cabo mediante procedimiento de:

a) Concurso-oposición.
b) Curso selectivo.
c) Concurso de méritos o pruebas de aptitud.
d) Libre designación.

41. Las tres subescalas en que se estructura la escala de habilitación de carácter nacional se integran:

a) En el grupo A, subgrupo A1.
b) En el grupo A, subgrupos A1 o A2.
c) En el grupo A, subgrupo A2.
d) En el grupo B.

42. NO es una subescala de la escala de funcionarios de administración local con habilitación de carácter nacional:

a) Administración Especial.
b) Secretaría.

c) Intervención-Tesorería.
d) Secretaría-Intervención.

43. ¿Qué categorías pueden ostentar los funcionarios integrados en la subescala de Secretaría-Intervención?

a) Entrada y Superior.
b) Básica y Especializada.
c) Inferior, Media y Superior.
d) En la subescala de Secretaría-Intervención no existe diferenciación de categorías.

44. Quienes superen la primera fase (oposición) de acceso a una de las Subescalas de la escala de funcionarios de administración local con habilitación de carácter nacional serán nombrados:

a) Funcionarios en prácticas.
b) Funcionarios de carrera.
c) Funcionarios interinos.
d) Funcionarios eventuales.

45. Para el ingreso en la escala de funcionarios de Administración local con habilitación de carácter nacional, en cualquiera de sus subescalas, se exigirá, en todo caso:

a) La licenciatura en Derecho.
b) La nacionalidad española.
c) La residencia en la localidad correspondiente.
d) Una experiencia mínima de 2 años en la administración local.

46. Para promocionar a las subescalas de Secretaría y de Intervención-Tesorería, los funcionarios de la subescala de Secretaría-Intervención deberán tener en esta subescala:

a) 2 años de servicio activo.
b) 3 años de servicio activo.
c) 4 años de servicio activo.
d) No se puede promocionar de una subescala a otra.

47. Por regla general, el primer destino de los funcionarios de Administración Local con habilitación de carácter nacional tendrá carácter definitivo, y en él se deberá permanecer para volver a concursar o solicitar un nombramiento provisional, un mínimo de:

a) 1 año.
b) 2 años.
c) 3 años.
d) 4 años.

48. Las Secretarías de Ayuntamiento de municipios cuya población está comprendida entre 5.001 y 20.000 habitantes, así como los de población inferior a 5.001 habitantes, cuyo presupuesto supere los 3.000.000 de euros, están catalogadas como:

a) Secretarías de Clase Primera.
b) Secretarías de Clase Segunda.
c) Secretarías de Clase Tercera.
d) Secretarías de Clase Cuarta.

Solución al test n.º 17

1. c) Capacidad y mérito.

2. a) Título de Técnico Superior.

3. d) Todas las respuestas son correctas.

4. b) Personal Eventual.

5. b) La condición de personal eventual podrá constituir mérito para el acceso a la Función Pública.

6. c) Igualdad, mérito y capacidad, así como el de publicidad.

7. c) Dos años.

8. c) A la Subescala Administrativa de Administración General.

9. d) A la Subescala Auxiliar de Administración General.

10. b) Bachiller, Formación Profesional de Segundo Grado, o equivalente.

11. d) 5.000 habitantes.

12. d) 100.000 habitantes.

13. a) Agentes de la Autoridad.

14. a) La Jurisdicción competente en esta materia es la Contencioso-Administrativa.

15. d) La mitad de concejales de la Corporación local.

16. d) Semestralmente.

17. d) Laboral.

18. b) Personal Laboral.

19. b) Personal Eventual.

20. c) Funcionarios.

21. c) Título de Técnico Superior.

22. b) Publicidad.

23. d) Junta de Gobierno Local.

24. d) Todas las respuestas anteriores son correctas.

25. a) Título de Bachiller o Técnico.

26. d) C2.

27. c) Real Decreto Legislativo 5/2015, de 30 de octubre.

28. c) Es obligatoria para las Corporaciones Locales.

29. a) Sociología.

30. c) Suboficial del Servicio de Extinción de Incendios.

31. c) Operarios.

32. a) Pleno.

33. d) Ninguna de las respuestas anteriores es correcta.

34. a) Con población inferior a 5.001 habitantes y cuyo Presupuesto no exceda de 3.010.060 euros.

35. c) El Real Decreto 128/2018, de 16 de marzo.

36. b) Clase segunda.

37. d) Formarán parte del contenido del puesto de trabajo de Secretaría.

38. d) Al Instituto Nacional de Administración Pública.

39. a) 2 años.

40. c) Concurso de méritos o pruebas de aptitud.

41. a) En el grupo A, subgrupo A1.

42. a) Administración Especial.

43. d) En la subescala de Secretaría-Intervención no existe diferenciación de categorías.

44. a) Funcionarios en prácticas.

45. b) La nacionalidad española.

46. a) 2 años de servicio activo.

47. b) 2 años.

48. b) Secretarías de Clase Segunda.

La relación estatutaria. Los derechos de los funcionarios públicos. Derechos individuales. Especial referencia a la carrera administrativa y a las retribuciones. Derechos de ejercicio colectivo. Sindicación y representación. El derecho de huelga. La negociación colectiva

Los deberes de los funcionarios públicos. El régimen disciplinario. El régimen de responsabilidad civil, penal y patrimonial. El régimen de incompatibilidades. La extinción de la condición de empleado público

1. ¿De cuánto tiempo disfrutarán los empleados públicos por traslado de domicilio sin cambio de residencia?

a) De dos días.
b) De un día.
c) De dos horas.
d) De un máximo de seis horas.

2. Señala la respuesta incorrecta respecto de los derechos de los funcionarios públicos:

a) Por razones de guarda legal, cuando el funcionario tenga el cuidado directo de algún menor de doce años, de persona mayor que requiera especial dedicación, o de una persona con discapacidad que no desempeñe actividad retribuida, tendrá derecho a la reducción de su jornada de trabajo, sin disminución de sus retribuciones.

b) Por lactancia de un hijo menor de doce meses, la funcionaria tendrá derecho a una hora de ausencia del trabajo que podrá dividir en dos fracciones.

c) Por nacimiento de hijos prematuros o que por cualquier otra causa deban permanecer hospitalizados a continuación del parto, la funcionaria o el funcionario tendrá derecho a ausentarse del trabajo durante un máximo de dos horas diarias percibiendo las retribuciones íntegras.

d) La funcionaria podrá solicitar la sustitución del tiempo de lactancia por un permiso retribuido que acumule en jornadas completas el tiempo correspondiente.

3. Por ser preciso atender el cuidado de un familiar de primer grado, el funcionario tendrá derecho a solicitar una reducción de:

a) Hasta el cincuenta por ciento de la jornada laboral, con carácter retribuido, por razones de enfermedad grave o muy grave y por el plazo máximo de tres meses.
b) Hasta el setenta por ciento de la jornada laboral, con carácter retribuido, por razones de enfermedad grave o muy grave y por el plazo máximo de un mes.
c) Hasta el cincuenta por ciento de la jornada laboral, con carácter retribuido, por razones de enfermedad muy grave y por el plazo máximo de un mes.
d) Hasta el setenta por ciento de la jornada laboral, con carácter retribuido, por razones de enfermedad muy grave y por el plazo máximo de un mes.

4. No tendrán dedicación exclusiva los miembros de Corporaciones locales de población inferior a:

a) 15.000 habitantes.
b) 10.000 habitantes.
c) 2.500 habitantes.
d) 1.000 habitantes.

5. ¿Qué retribución complementaria está destinada a retribuir las condiciones particulares de algunos puestos de trabajo en atención a su especial dificultad técnica, dedicación, incompatibilidad, responsabilidad, peligrosidad o penosidad?

a) El complemento especial.
b) El complemento específico.
c) El complemento de productividad.
d) El complemento extraordinario.

6. ¿A quién corresponde la asignación individual del complemento de productividad en las Corporaciones Locales?

a) Al Alcalde o Presidente.
b) Al Secretario.
c) Al Interventor.
d) Al Pleno.

7. A tenor del artículo 95 TR-LEBEP, el incumplimiento por los funcionarios de las normas sobre incompatibilidades cuando ello dé lugar a una situación de incompatibilidad, podrá ser constitutivo de falta:

a) Muy grave.
b) Grave.

c) Menos grave.
d) Leve.

8. Conforme al art. 96 TR-LEBEP, por razón de faltas cometidas podrán imponerse la siguiente sanción:

a) Suspensión firme de funciones, o de empleo y sueldo en el caso del personal laboral, con una duración máxima de 5 años.
b) Despido disciplinario del personal laboral, que solo podrá sancionar la comisión de faltas muy graves o graves y comportará la inhabilitación para ser titular de un nuevo contrato de trabajo con funciones similares a las que desempeñaban.
c) Separación del servicio de los funcionarios, que en el caso de los funcionarios interinos comportará la revocación de su nombramiento, y que solo podrá sancionar la comisión de faltas muy graves o graves.
d) Demérito, que consistirá en la penalización a efectos de carrera, promoción o movilidad voluntaria.

9. Salvo en caso de paralización del procedimiento imputable al interesado, la suspensión provisional como medida cautelar en la tramitación de un expediente disciplinario no podrá exceder de:

a) Un año.
b) 9 meses.
c) 6 meses.
d) 3 meses.

10. ¿Cuándo prescriben las sanciones impuestas por faltas leves?

a) A los dos años.
b) Al año.
c) A los seis meses.
d) Al mes.

11. ¿Cuándo prescriben las sanciones impuestas por faltas graves?

a) A los seis años.
b) A los cinco años.
c) A los tres años.
d) A los dos años.

12. ¿Cuál es la duración máxima de la sanción de suspensión de funciones por faltas muy graves?

a) Diez años.
b) Seis años.

c) Cinco años.
d) Cuatro años.

13. ¿Cuál es la duración máxima de la sanción de suspensión de funciones por faltas graves?

a) Cinco años.
b) Tres años.
c) Dos años.
d) Un año.

14. ¿Qué duración tiene el permiso por adopción, por guarda con fines de adopción, o acogimiento, tanto temporal como permanente?

a) Diecisiete semanas.
b) Dieciséis semanas.
c) Quince semanas.
d) Catorce semanas.

15. Los funcionarios que ejerciten el derecho de huelga, por el tiempo en que hayan permanecido en la misma, devengarán y percibirán:

a) Solo las retribuciones básicas prorrateadas.
b) Las retribuciones básicas y los trienios.
c) Todas las retribuciones que le corresponderían si no hubieran ejercido ese derecho.
d) No devengarán ni percibirán retribución alguna.

16. Indica cuál de los siguientes es uno de los derechos de carácter individual de los empleados públicos:

a) A percibir las retribuciones y las indemnizaciones por razón del servicio.
b) Al desempeño efectivo de las funciones o tareas propias de su condición profesional y de acuerdo con la progresión alcanzada en su carrera profesional.
c) A la formación continua y a la actualización permanente de sus conocimientos y capacidades profesionales, preferentemente en horario laboral.
d) Todas las respuestas son correctas.

17. El permiso de paternidad en 2021 por el nacimiento, guarda con fines de adopción, acogimiento o adopción de un hijo tendrá una duración, a disfrutar por el padre o el otro progenitor a partir de la fecha del nacimiento, de la decisión administrativa de guarda con fines de adopción o acogimiento, o de la resolución judicial por la que se constituya la adopción, de:

a) Nueve semanas.
b) Dieciséis semanas.

c) Doce semanas.
d) Quince semanas.

18. ¿Qué complemento está destinado a retribuir el especial rendimiento, la actividad y dedicación extraordinarias y el interés o iniciativa con que se desempeñen los puestos de trabajo?

a) El complemento de productividad.
b) El complemento específico.
c) El complemento singular.
d) El complemento de dedicación especial.

19. Los funcionarios públicos tendrán derecho a disfrutar, durante cada año natural, de unas vacaciones retribuidas de:

a) Veinte días hábiles, o de los días que correspondan proporcionalmente si el tiempo de servicio durante el año fue menor.
b) Veintidós días hábiles, o de los días que correspondan proporcionalmente si el tiempo de servicio durante el año fue menor.
c) Veintiséis días hábiles, o de los días que correspondan proporcionalmente si el tiempo de servicio durante el año fue menor.
d) Treinta días hábiles, o de los días que correspondan proporcionalmente si el tiempo de servicio durante el año fue menor.

20. ¿Cuántos días hábiles de permiso se concederán en el caso de accidente o enfermedad graves, hospitalización o intervención quirúrgica sin hospitalización que precise de reposo domiciliario del cónyuge, pareja de hecho o parientes hasta el primer grado por consanguinidad o afinidad, así como de cualquier otra persona distinta de las anteriores que conviva con el funcionario o funcionaria en el mismo domicilio y que requiera el cuidado efectivo de aquella?

a) Tres días.
b) Cuatro días.
c) Cinco días.
d) Seis días.

21. ¿De cuántos días al año, con carácter general, podrá disponer el funcionario de permiso para asuntos personales sin justificación?

a) De hasta 6 días al año.
b) De hasta 7 días al año.
c) De hasta 8 días al año.
d) De hasta 9 días al año.

22. Como máximo y con carácter general, si se mantiene la necesidad de cuidado directo, continuo y permanente, el permiso por cuidado y con carácter general de hijo menor afectado por cáncer u otra enfermedad grave, se extenderá hasta que cumpla:

a) 12 años.
b) 18 años.
c) 16 años.
d) 23 años.

23. Por razón de matrimonio o constitución formalizada por documento público de pareja de hecho, los funcionarios tendrán derecho a una licencia de:

a) Diez días.
b) Un mes.
c) Quince días.
d) Veinte días.

24. A quienes se encuentren en situación de excedencia por interés particular:

a) Les será computable el tiempo que permanezcan en tal situación a efectos de ascensos.
b) Les será computable el tiempo que permanezcan en tal situación a efectos de trienios y derechos en el régimen de Seguridad Social que les sea de aplicación.
c) No devengarán retribuciones.
d) Todas las respuestas son correctas.

25. Señala la respuesta correcta respecto a la situación de servicios especiales:

a) A los funcionarios en situación de servicios especiales no se les computará el tiempo que permanezcan en esta situación a los efectos de ascensos, trienios o derechos pasivos.
b) Tendrán derecho a la reserva de plaza y destino.
c) Tendrán preferencia para el reingreso en el servicio activo.
d) Todas las respuestas son correctas.

26. Por nacimiento de hijos prematuros o que por cualquier otra causa deban permanecer hospitalizados a continuación del parto, la funcionaria o el funcionario tendrá derecho a ausentarse del trabajo durante:

a) Un máximo de una hora diaria percibiendo las retribuciones íntegras.
b) Un máximo de 2 horas diarias percibiendo las retribuciones íntegras.
c) Un máximo de 2,5 horas diarias percibiendo las retribuciones íntegras.
d) Un máximo de 3 horas diarias percibiendo las retribuciones íntegras.

27. El juramento o promesa a realizar por los funcionarios se efectúa:

a) Tras la toma de posesión.
b) Antes de ella.
c) En el mismo momento de la toma de posesión.
d) Ante órganos jurisdiccionales.

28. En el juramento o promesa que deben hacer los funcionarios se señala que se ha de cumplir las obligaciones del cargo con lealtad al/a la/a los:

a) Constitución.
b) Corporación.
c) Superiores.
d) Rey.

29. Las cantidades destinadas a financiar aportaciones a planes de pensiones o contratos de seguros tendrán a todos los efectos la consideración de:

a) Retribución básica.
b) Retribución complementaria.
c) Indemnizaciones.
d) Retribución diferida.

30. Por muerte de un tío carnal, teniendo en cuenta que es familiar dentro del tercer grado, se tiene derecho al siguiente permiso:

a) Dos días si es en la misma localidad.
b) Cuatro días si es en distinta localidad.
c) Ningún día.
d) Las respuestas a) y b) son correctas.

31. La disminución de la jornada por cuidado directo de un menor de seis años:

a) Puede equivaler a un tercio o un medio.
b) No implica reducción de retribuciones.
c) Comporta exclusivamente la reducción de las retribuciones complementarias.
d) Nada de lo anterior es cierto.

32. La observancia de las normas sobre seguridad y salud laboral:

a) Es un principio ético de los empleados públicos.
b) Se ajustará a lo que indiquen los representantes de los trabajadores.
c) Se establece solo para los puestos de trabajo cuyo desempeño suponga riesgos inequívocos.
d) Es obligatoria para todos los empleados públicos.

33. Cuando un funcionario haya sido declarado en la situación de suspensión, dicha situación determinará la pérdida del puesto de trabajo cuando la suspensión exceda de:

a) Seis meses.
b) Tres meses.
c) Cinco meses.
d) Dos meses.

34. Para el cumplimiento de un deber inexcusable de carácter público o personal, se tiene derecho a un permiso:

a) De tres días.
b) Por tiempo indispensable.
c) De cinco días.
d) De dos días.

35. En una Corporación de cincuenta y nueve funcionarios existirán representándolos:

a) Un Delegado de Personal.
b) Dos Delegados de Personal.
c) Un Comité de Empresa.
d) Una Junta de Personal.

36. El personal funcionario que no tenga dedicación exclusiva o especial dedicación ha de cumplir una jornada laboral semanal de:

a) Treinta y cinco horas.
b) Treinta y siete horas y media.
c) Cuarenta horas.
d) Veinticuatro horas.

37. El incumplimiento de la obligación de atender los servicios esenciales en caso de huelga es constitutivo de:

a) Falta muy grave.
b) Falta grave.
c) Falta leve.
d) Un derecho.

38. El abandono del servicio da lugar a:

a) Sanción pecuniaria.
b) Falta muy grave.

c) Falta grave.
d) Falta leve.

39. Por su parte, el acoso laboral se tipifica como:

a) Falta muy grave.
b) Falta grave.
c) Falta leve.
d) No está tipificada.

40. El descrédito para la imagen pública de la Administración Pública es una circunstancia que debe ser atendida para determinar las faltas:

a) Muy graves.
b) Graves.
c) Leves.
d) Las respuestas b) y c) son correctas.

41. La responsabilidad de los funcionarios que induzcan a otros a cometer una falta:

a) Es similar a la exigible a estos.
b) Se minora en un grado.
c) Se castiga con una sanción superior en grado.
d) Es inexistente.

42. La suspensión firme de funciones no puede ser superior a:

a) Tres meses.
b) Tres años.
c) Un año.
d) Seis años.

43. En el caso de separación del servicio de un funcionario interino:

a) Podrá ser rehabilitado en el futuro.
b) No es necesaria la motivación del acto.
c) Permanece en activo hasta que se cubra la vacante que venía desempeñando.
d) Se revoca su nombramiento.

44. La prescripción de las faltas graves se produce a los:

a) Seis meses.
b) Dos meses.
c) Seis años.
d) Dos años.

45. La separación del servicio en un Municipio de gran población se acuerda por el/la:

a) Sindicato mayoritario.
b) Presidente de la Corporación.
c) Pleno de la Corporación.
d) Junta de Gobierno Local.

46. En la corrección de una falta leve, un trámite inexcusable es:

a) La previa audiencia al inculpado.
b) Incoar diligencias preliminares.
c) Incoar expediente disciplinario ordinario.
d) Ninguno de los anteriores.

47. Los trienios se cobran:

a) En igual cuantía dentro de cada Subgrupo o Grupo de clasificación profesional, en el supuesto de que este no tenga Subgrupo.
b) En concepto de retribución complementaria.
c) Solo mensualmente, sin percibirse en las pagas extraordinarias.
d) Ninguna de las respuestas anteriores es correcta.

48. En las pagas extraordinarias se percibe:

a) El sueldo y el complemento de destino solamente.
b) Todas las retribuciones.
c) Las retribuciones básicas en exclusiva.
d) Nada de lo expuesto es correcto.

49. La participación en las multas impuestas por un funcionario, cuando esté normativamente atribuida a los servicios:

a) Está expresamente prohibida.
b) No está sujeta a retención fiscal.
c) Se permite excepcionalmente, con arreglo a dicha normativa.
d) Es la regla general y forma parte de las retribuciones complementarias.

50. Las retribuciones básicas de los funcionarios se fijan y se recogen por el/la/las:

a) Leyes de Presupuestos de cada Comunidad Autónoma.
b) Presupuesto de cada Corporación Local.
c) Ley de Presupuestos Generales del Estado.
d) Todas las respuestas anteriores son correctas.

51. Señala la respuesta incorrecta. Las retribuciones complementarias de los funcionarios se establecerán por las correspondientes leyes de cada Administración Pública atendiendo, entre otros, a los siguientes factores:

a) La especial dificultad técnica, responsabilidad, dedicación, incompatibilidad exigible para el desempeño de determinados puestos de trabajo.
b) Los servicios extraordinarios prestados en la jornada normal de trabajo.
c) La progresión alcanzada por el funcionario dentro del sistema de carrera administrativa.
d) El grado de interés, iniciativa o esfuerzo con que el funcionario desempeña su trabajo.

52. El reconocimiento de compatibilidad a un funcionario para ejercer un trabajo fuera de la Administración:

a) No es necesario.
b) Es previo a dicho trabajo.
c) Es posterior.
d) Solo se da para actividades privadas.

53. ¿Cuándo prescriben las sanciones impuestas por faltas leves?

a) A los dos años.
b) Al año.
c) A los seis meses.
d) Al mes.

54. Señala la respuesta incorrecta:

a) Los funcionarios que indujeren a otros a la comisión de actos o conductas constitutivos de falta disciplinaria, incurriendo en la misma responsabilidad que estos.
b) La imposición de sanciones por faltas leves se llevará a cabo por procedimiento sumario sin necesidad de audiencia al interesado.
c) El tiempo de permanencia en suspensión provisional será de abono para el cumplimiento de la suspensión firme.
d) El alcance de cada sanción se establecerá teniendo en cuenta el grado de intencionalidad, descuido o negligencia que se revele en la conducta, el daño al interés público, la reiteración o reincidencia, así como el grado de participación.

55. ¿Cuándo prescriben las infracciones leves?

a) Al mes.
b) A los seis meses.
c) Al año.
d) A los dos años.

56. ¿A quién corresponde imponer la sanción que recaiga por falta muy grave, tipificada en la normativa básica estatal?

a) Al Presidente del Gobierno.
b) Al Consejo de Ministros.
c) Al Ministro de Hacienda y Función Pública.
d) Al Secretario de Estado de Administraciones Públicas.

57. ¿Qué norma establece el régimen de Incompatibilidades del Personal al Servicio de las Administraciones Públicas?

a) El Real Decreto 65/2001, de 2 de noviembre.
b) La Ley 53/1984, de 26 de diciembre.
c) La Ley 21/2008, de 30 de abril.
d) El Real Decreto 2/1999, de 17 de febrero.

Solución a los test n.º 18-19

1. b) De un día.

2. a) Por razones de guarda legal, cuando el funcionario tenga el cuidado directo de algún menor de doce años, de persona mayor que requiera especial dedicación, o de una persona con discapacidad que no desempeñe actividad retribuida, tendrá derecho a la reducción de su jornada de trabajo, sin disminución de sus retribuciones.

3. c) Hasta el cincuenta por ciento de la jornada laboral, con carácter retribuido, por razones de enfermedad muy grave y por el plazo máximo de un mes.

4. d) 1.000 habitantes.

5. b) El complemento específico.

6. a) Al Alcalde o Presidente.

7. a) Muy grave.

8. d) Demérito, que consistirá en la penalización a efectos de carrera, promoción o movilidad voluntaria.

9. c) 6 meses.

10. b) Al año.

11. d) A los dos años.

12. b) Seis años.

13. b) Tres años.

14. b) Dieciséis semanas.

15. d) No devengarán ni percibirán retribución alguna.

16. d) Todas las respuestas son correctas.

17. b) Dieciséis semanas.

18. a) El complemento de productividad.

19. b) Veintidós días hábiles, o de los días que correspondan proporcionalmente si el tiempo de servicio durante el año fue menor.

20. c) Cinco días.

21. a) De hasta 6 días al año.

22. d) 23 años.

23. c) Quince días.

24. c) No devengarán retribuciones.

25. b) Tendrán derecho a la reserva de plaza y destino.

26. b) Un máximo de 2 horas diarias percibiendo las retribuciones íntegras.

27. c) En el mismo momento de la toma de posesión.

28. d) Rey.

29. d) Retribución diferida.

30. c) Ningún día.

31. d) Nada de lo anterior es cierto.

32. d) Es obligatoria para todos los empleados públicos.

33. a) Seis meses.

34. b) Por tiempo indispensable.

35. d) Una Junta de Personal.

36. b) Treinta y siete horas y media.

37. a) Falta muy grave.

38. b) Falta muy grave.

39. a) Falta muy grave.

40. d) Las respuestas b) y c) son correctas.

41. a) Es similar a la exigible a estos.

42. d) Seis años.

43. d) Se revoca su nombramiento.

44. d) Dos años.

45. d) Junta de Gobierno Local.

46. a) La previa audiencia al inculpado.

47. a) En igual cuantía dentro de cada Subgrupo o Grupo de clasificación profesional, en el supuesto de que este no tenga Subgrupo.

48. d) Nada de lo expuesto es correcto.

49. a) Está expresamente prohibida.

50. d) Todas las respuestas anteriores son correctas.

51. b) Los servicios extraordinarios prestados en la jornada normal de trabajo.

52. b) Es previo a dicho trabajo.

53. b) Al año.

54. b) La imposición de sanciones por faltas leves se llevará a cabo por procedimiento sumario sin necesidad de audiencia al interesado.

55. b) A los seis meses.

56. c) Al Ministro de Hacienda y Función Pública.

57. b) La Ley 53/1984, de 26 de diciembre.

TEST N.º 20

Ley Orgánica 3/2007, de 22 de marzo, para la igualdad efectiva de mujeres y hombres: objeto y ámbito de la ley. El principio de igualdad y la tutela contra la discriminación

1. Según su artículo 1, la LO 3/2007 tiene por objeto hacer efectivo el derecho de:

a) Conciliación de la vida laboral y familiar de mujeres y hombres.
b) Igualdad de trato y de oportunidades entre mujeres y hombres.
c) Participación en los asuntos públicos en igualdad de condiciones.
d) No discriminación por razón de sexo.

2. Las obligaciones establecidas en la LO 3/2007 son de aplicación a:

a) A toda persona, física o jurídica, que se encuentre o actúe en territorio español, cualquiera que fuese su nacionalidad, domicilio o residencia.
b) A todos los ciudadanos españoles, ya sea en territorio español o territorio de cualquier país extranjero.
c) A toda persona, física o jurídica, que se encuentre o actúe en territorio español, con nacionalidad española.
d) A toda persona, física o jurídica, que resida en territorio español, cualquiera que fuese su nacionalidad.

3. Según el artículo 4 de la LO 3/2007, la igualdad de trato y de oportunidades entre mujeres y hombres:

a) Es un deber de las Administraciones Públicas.
b) Es una fuente formal del Derecho.
c) Es un principio informador del ordenamiento jurídico.
d) Es un objetivo fundamental del procedimiento administrativo.

4. El principio de igualdad de trato y de oportunidades entre mujeres y hombres:

a) Solo se aplica en el ámbito del empleo público.
b) Se garantizará incluso en el acceso al trabajo por cuenta propia.

c) No se aplica en la afiliación y participación en organizaciones sindicales o empresariales.

d) Se garantizará en los términos que prevean los convenios colectivos.

5. La situación en que se encuentra una persona que sea, haya sido o pudiera ser tratada, en atención a su sexo, de manera menos favorable que otra en situación comparable, se considera:

a) Discriminación directa.

b) Acoso sexual.

c) Discriminación indirecta.

d) Violencia de género.

6. En virtud del artículo 6.2 de la LO 3/2007, la situación en que una disposición, criterio o práctica aparentemente neutros pone a personas de un sexo en desventaja particular con respecto a personas del otro:

a) En cualquier caso constituirá discriminación directa.

b) En cualquier caso constituirá discriminación indirecta.

c) No se considera discriminación indirecta si dicha disposición, criterio o práctica pueden justificarse objetivamente en atención a una finalidad legítima y los medios para alcanzar dicha finalidad son necesarios y adecuados.

d) En ningún caso podrá considerarse discriminación.

7. Conforme al artículo 6.3 de la LO 3/2007, toda orden de discriminar por razón de sexo:

a) Solo se considera discriminatoria si se ordena discriminar directamente.

b) En ningún caso se puede considerar discriminatoria.

c) Solo se considera discriminatoria si ordena una discriminación indirecta.

d) En cualquier caso se considera discriminatoria, sea directa o indirecta.

8. Conforme al artículo 7.4 de la LO 3/2007, el condicionamiento de un derecho o de una expectativa de derecho a la aceptación de una situación constitutiva de acoso sexual o de acoso por razón de sexo se considerará:

a) Acto de discriminación por razón de sexo.

b) Creación de un entorno intimidatorio, degradante u ofensivo.

c) Anulable y sin efecto.

d) Indemnizable.

9. En virtud del artículo 9 de la LO 3/2007, cualquier trato adverso o efecto negativo que se produzca en una persona como consecuencia de la presentación por su parte de queja, reclamación, denuncia, demanda o recurso, de cualquier tipo, destinados a impedir su discriminación y a exigir el cumplimiento efectivo del principio de igualdad de trato entre mujeres y hombres, se considerará:

a) Discriminación directa.

b) Discriminación por razón de sexo.

c) Injustificado.
d) Acoso sexual.

10. Para prevenir la realización de conductas discriminatorias en los actos y las cláusulas de los negocios jurídicos, el artículo 10 de la LO 3/2017 prevé la existencia de un sistema de sanciones eficaz y:

a) Proporcionado.
b) Comprensible.
c) Cuantificable.
d) Disuasorio.

11. Según el artículo 10 de la LO 3/2007, los actos y las cláusulas de los negocios jurídicos que constituyan o causen discriminación por razón de sexo se considerarán:

a) Válidos, pero anulables.
b) Nulos y sin efecto.
c) Ilegales.
d) Nulos, pero con efectos.

12. Con el fin de hacer efectivo el derecho constitucional de la igualdad, los Poderes Públicos adoptarán medidas específicas en favor de las mujeres para corregir situaciones patentes de desigualdad de hecho respecto de los hombres. Tales medidas, que serán aplicables en tanto subsistan dichas situaciones, habrán de ser en relación con el objetivo perseguido en cada caso razonables y:

a) Justificadas.
b) Autorizadas judicialmente.
c) Transparentes.
d) Proporcionadas.

13. Conforme al artículo 12 de la LO 3/2007, cualquier persona podrá recabar de los tribunales la tutela del derecho a la igualdad entre mujeres y hombres, de acuerdo con lo establecido en el artículo 53.2 de la Constitución:

a) Siempre que la relación en la que supuestamente se produce la discriminación se encuentre vigente.
b) Incluso tras la terminación de la relación en la que supuestamente se ha producido la discriminación.
c) Siempre que se haya dado por terminada la relación en la que supuestamente se produce la discriminación.
d) A menos que se haya procedido a la suspensión de la relación en la que supuestamente se produce la discriminación.

14. La capacidad y la legitimación para intervenir en los procesos civiles, sociales y contencioso-administrativos que versen sobre la defensa del derecho de igualdad entre mujeres y hombres, corresponden a:

a) La persona acosada, únicamente.
b) Cualquier ciudadano.
c) Las personas físicas y jurídicas con interés legítimo.
d) Cualquier persona jurídica.

15. La persona acosada será la única legitimada en los litigios:

a) Sobre discriminación directa.
b) Sobre acoso sexual y acoso por razón de sexo.
c) Sobre acoso sexual únicamente.
d) Únicamente sobre acoso por razón de sexo.

Solución al test n.º 20

1. b) Igualdad de trato y de oportunidades entre mujeres y hombres.

2. a) A toda persona, física o jurídica, que se encuentre o actúe en territorio español, cualquiera que fuese su nacionalidad, domicilio o residencia.

3. c) Es un principio informador del ordenamiento jurídico.

4. b) Se garantizará incluso en el acceso al trabajo por cuenta propia.

5. a) Discriminación directa.

6. c) No se considera discriminación indirecta si dicha disposición, criterio o práctica pueden justificarse objetivamente en atención a una finalidad legítima y los medios para alcanzar dicha finalidad son necesarios y adecuados.

7. d) En cualquier caso se considera discriminatoria, sea directa o indirecta.

8. a) Acto de discriminación por razón de sexo.

9. b) Discriminación por razón de sexo.

10. d) Disuasorio.

11. b) Nulos y sin efecto.

12. d) Proporcionadas.

13. b) Incluso tras la terminación de la relación en la que supuestamente se ha producido la discriminación.

14. c) Las personas físicas y jurídicas con interés legítimo.

15. b) Sobre acoso sexual y acoso por razón de sexo.

Cómo acceder al Curso

Auxiliar Administrativo/a
Test del temario

El uso de los códigos **es exclusivo de los compradores de los productos de Editorial MAD**. Cada producto posee un código único y de un solo uso. Es personal e intransferible y da acceso a servicios y contenidos adicionales. Editorial MAD se reserva el derecho de hacer cuantas comprobaciones sean necesarias para identificar al legítimo poseedor del código y dejar de dar servicio a quien haga uso fraudulento del mismo, además de emprender cuantas acciones legales estime oportunas según la legislación vigente.

Deberás acceder a:

mad.es/registro-campus

Si una vez aceptadas las condiciones de uso del Campus decides hacer uso del mismo, necesitarás del siguiente código de acceso junto con los códigos del resto de títulos que se exigen (si fuera el caso):

8HK43DU2G5